LA GENEREUSE INGRATITUDE.

TRAGI-COMEDIE PASTORALE.

Par le Sr QVINAVLT.

A PARIS,
Chez TOVSSAINCT QVINET,
au Palais, sous la montée de la
Cour des Aydes.

───────────

M. DC. LVI.
Auec Priuilege du Roy.

A TRES-HAVT ET TRES-PVISSANT PRINCE ARMAND DE BOVRBON,

PRINCE DE CONTY, Prince du sang, Pair de France, Grand Maistre de la Maison du Roy, Gouuerneur & Lieutenant General pour sa maiesté en Guyenne, Viceroy, & Capitaine General de ses Armées en Catalogne, Roussillon, &c.

ONSEIGNEVR,

Encore que i'aye assez d'ambition pour oser vous offrir cét Ouura-

EPISTRE.

ge de Theatre, ie n'ay pas assez de vanité pour m'asseurer qu'il soit digne de la protection de VOSTRE ALTESSE, ie suis persuadé que vous auez des lumieres si peu communes, que vous y découurirez des defauts aux endroits mesmes où les plus spirituels ont creu remarquer quelques beautez; & i'ay bien lieu de craindre que vous ne protegiez à regret ce que vous condamnerez auec iustice. Cette consideration toutesfois, n'a pû retenir mon zele; Ie me suis flatté de l'espoir que VOSTRE ALTESSE aura la bonté de receuoir auec indulgence ce que ie luy presente auec vn respect tres-profond, & i'ay creu que si le dessein que i'ay fait de luy consacrer cette Tragi-Comedie, est

vn

EPISTRE.

vn deffein temeraire, c'eſt au moins vne de ces belles temeritez dont les plus mauuais ſuccez ne ſont iamais honteux. Il m'a ſemblé que ie ne pouuois mieux cacher ce que cette Production d'eſprit a de defectueux, qu'en luy donnant pour Protecteur vn PRINCE de qui les qualitez n'ont rien que d'admirable; & ie me ſuis imaginé que ie ne luy pouuois adioûter plus d'éclat, qu'en empruntant celuy de voſtre Nom. Ie m'eſtendrois icy ſur les loüanges de VOSTRE ALTESSE, s'il m'eſtoit poſſible de traitter auec vn art aſſez peu commun, vne matiere ſi fort extraordinaire : Quand ie pretendrois publier à toute la France les merueilles de voſtre Cœur & de voſtre Eſprit; la Renommée en a
ẽ

EPISTRE.

desia si bien informé tout le Monde, que ie ne publierois rien de nouueau. Vous sçauez, MONSEIGNEVR, que nous autres Escriuains nous n'excellons qu'en debitant d'agreables mensonges à qui nous auons donné le nom d'inuentions; & quand ie voudrois dire que les auantages particuliers de ces Grands Hommes que nous appellons Demy-dieux, sont tous assemblez en VOSTRE ALTESSE, ie suis asseuré que ie ne dirois rien que de veritable. Puisque ie suis reduit à ne pouuoir dire à vostre gloire que des veritez, i'oseray vous demander la permission d'en publier encore vne qui concerne mes interests, & qui n'est pas moins

EPISTRE.

certaine que les precedentes. C'est que ie suis auec vne paſſion tres-reſpectueuſe, & tres-inuiolable.

MONSEIGNEVR,

De Voſtre Alteſſe,

Le tres-humble & tres-obeïſſant ſeruiteur,
QVINAVLT.

ĩ ij

ODE

A SON ALTESSE
DE
CONTY.
ODE.

Illustre Ornement de l'Histoire,
Grand Prince, ie doy protester
Que si i'ose écrire à ta gloire,
C'est sans espoir de l'augmenter.
Qui plus loin la voudroit estendre,
Ne pourroit iamais entreprendre
Vn plus temeraire proiet;
Et si ma Plume ingenieuse
Te prend icy pour son obiet,
C'est que ma Veine ambitieuse
N'a pû pour se rendre fameuse
Prendre vn plus glorieux suiet.

ODE.

Quelque autre possible en ma place
Feroit scrupule de choquer
Les Diuinitez du Parnasse
Qu'on a coustume d'inuoquer.
On tient que ces Filles sçauantes,
Par des inuentions charmantes,
Changent les defauts en beautez ;
Pour moy, de ces Nimphes propices
Ie méprise icy les clartez,
Qu'elles gardent leurs bons offices.
Ie n'ay pas besoin d'artifices
Pour écrire des veritez.

Ie laisse aux curieuses Plumes
Le recit des faits glorieux
Dont l'Histoire enfle ses Volumes
A la gloire de tes Ayeux.

ODE

Estre du sang de ces Monarques
Qui se font par d'illustres marques
Autant cherir que redouter,
De ces Roix qui par leur courage
Ont toujours eu droit de compter
Cét Empire pour leur partage,
Ce n'est que le moindre auantage
De ceux dont tu te peux vanter.

La Fortune fut sans caprice,
Au moment qu'elle te fit don,
Auecque si grande iustice,
Du nom Auguste de BOVRBON.
Quoy que ce Nom incomparable
Semble estre si considerable
Qu'il ne puisse augmenter de prix;
Quoy que du couchant à l'Aurore,
Il estonne tous les esprits,
L'on s'abuse, si l'on ignore
Qu'vn iour tu le dois rendre encore
Plus fameux que tu ne l'as pris.

ODE

Ie croirois te faire vn outrage,
Si ie te voulois comparer
A ces Heros du premier âge
Que la Fable a fait reuerer.
Dans quelques endroits de la terre,
Où tu veilles porter la guerre
Pour la gloire de nostre Roy,
L'Ennemy fust-il indomptable,
Tu sçauras le combler d'effroy;
Et si le Sort t'est fauorable,
Ce que de Mars a dit la Fable,
L'Histoire le dira de toy.

Ie me sens forcer au silence
Touchant ton Esprit sans pareil,
Qui possede la connoissance
De tout ce que voit le Soleil.

ODE.

C'est vne Merueille estonnante,
De qui la lumiere éclattante
Eblouyt au lieu d'éclairer,
Vn Feu qui sçait par tout s'estendre,
Mais qu'on ne sçauroit figurer,
Et dont l'esclat nous vient surprendre
Bien moins pour se faire comprendre,
Qu'afin de se faire admirer.

QVINAVLT.

Extraict du Priuilege du Roy.

PAr grace & Priuilege du Roy donné à Paris le troisiesme iour de Iuin mil six cens cinquante-six, signé le GROS. Il est permis à Toussainct Quinet, Marchand Libraire en nostre bonne Ville de Paris, de faire Imprimer, vendre & debiter par tous les lieux de nostre obeïssance vne piece de Theatre intitulée, *La Genereuse Ingratitude, Tragi-Comedie Pastorale du Sieur Quinault*, pendát l'espace de cinq ans, à commencer du iour que ladite piece sera acheuée d'imprimer, & defences sont faites à toutes personnes de l'imprimer, vendre ny debiter pendant ledit têps, sur peine de quinze cens liures d'amende, & de tous dépens, dômages, & interests, comme il est plus amplement porté par lesdites lettres de priuilege.

Enregistré sur le liure de la Communauté, le neufiéme de Iuin 1656. suiuant l'Arrest du Parlement du 9. Auril 1655.

Acheué d'imprimer pour la premiere fois le 15. Iuin 1656.

Les Exemplaires ont esté fournis.

ACTEURS

ZELINDE, Fille de Lindarache, déguisée en homme, sous le nom d'Ormin & l'habit d'un esclave.

ZEGRY, Maître de Zelinde, & Amant de Fatime.

ALABEZ, Second esclave de Zegry.

CARIFFE, Esclaue de Fatime.

FATIME, Maîtresse de Zegry, & Amante d'Adibar.

ABENCERAGE, sous le nom d'Almansor, frere de Zelinde.

ZAIDE, Sœur de Zegry.

MEDINE, Esclaue de Zaide.

ADIBAR, Amant de Zaide.

GASUL, Esclaue d'Abencerage.

GOMELLE, Pere de Fatime.

LINDARACHE, Mere de Zelinde & d'Abencerage.

La Scene est dans la Forest d'Alger.

LA GENEREVSE INGRATITVDE.
TRAGI-COMEDIE.

ACTE I.
SCENE PREMIERE.
ORMIN.

Harmante solitude, agreable seiour,
Beaux lieux où i'ay receu ma vie, & mon amour,
Vieux arbres, clairs ruisseaux, dont l'ombre & le murmure
Marquent de la pitié pour ma triste aduenture,

La Genereuse Ingratitude,

Zephirs, Echo, Rochers, & vous sombres Forests,
Soyez les confidents de mes ennuis secrets ;
Ie ne suis plus Zelinde autrefois adorée
Des plus dignes Amants de toute la contrée,
Sous l'habit d'vn esclaue en cette extremité,
Ie sers vn infidelle auec fidelité,
Vn ingrat qui me flatte en mon mal heur extréme,
Et qui me hayroit, s'il sçauoit que ie l'aime.
Arbres dans vostre sort, que ie vous treuue heureux,
Vous estez mal-traittez par l'Hyuer rigoureux ;
Mais dés que le Prin-temps fait cesser la froidure,
Vous reprenez soudain vostre ancienne verdure ;
Et dessus vos rameaux dans le temps des moissons,
On rencontre des fruits, où l'on vid des glaçons.
Chacune des saisons, s'est veu deux fois changée,
Depuis qu'Amour s'obstine à me rendre affligée,
Que ie languis sans cesse, & qu'il m'est deffendu
De pretendre au repos que mon cœur a perdu.
Celuy pour qui ie brûle auec tant de constance,
Est vn volage, ô Dieux ! le voicy qui s'auance.

SCENE II.
ZEGRY, ORMIN.

ZEGRY.

Ormin, ie te cherchois !

ORMIN.
Ie vous cherchois aussi :

ZEGRY.
Apprends que dés demain nous partirons d'icy.

ORMIN.
Quoy, Seigneur, vous quittez si tost vostre Patrie,
Ces Cabanes, ces Bois, cette belle Prairie

Tragi-comedie.

ZEGRY.

Ie ne tay point celé que l'ayme dans ces lieux ;
La charmante Fatime, vn chef-d'œuure des Cieux,
I'esperois voir icy cette Beauté si chere ;
Mais i'ay sceu qu'à Thunis, elle est auec son pere,
Et bien que ce seiour possede mille appas,
Ie n'y vois rien de beau quand ie ne la vois pas.

ORMIN à part.

Que mon mal-heur est grād, que Fatime est heureuse !

ZEGRY.

Que son absence est rude à mon ame amoureuse!
Pour me rendre aupres d'elle au point du iour de-
   main ;
Ie veux que de Thunis nous prenions le chemin,
Ie seray trop content, pourueu que ie la voye,
Ie croy qu'elle prendra quelque part à ma ioye,
Elle eut de mon depart vn regret assez grand,
Et ie ne luy suis pas, sans doute indifferend.

ORMIN.

Sa flame asseurement ne sera pas esteinte :

ZEGRY.

Ah ! c'est tout mon espoir.

ORMIN à part.
        Ah ! c'est toute ma crainte.

SCENE III.

ALABEZ, ZEGRY, ORMIN.

ALABEZ.

Allegresse, allegresse, estranglez vos soupirs,
I'ay du contrepoison pour tous vos desplaisirs,

A ij

ZEGRY.
Dy nous ce que tu sçais, sans nous laisser en peine,
ALABEZ.
Permettez, s'il vous plaist, que ie reprenne haleine.
ZEGRY.
Parle donc?
ALABEZ.
   Ie n'ay garde:
ZEGRY.
     Ah, c'en est trop souffrir!
Dis nous tout promptement,
ALABEZ.
     Vous en pourriez mourir:
ZEGRY.
C'est donc quelque mal-heur que le destin m'enuoye.
ALABEZ.
Vous en pourriez mourir, mais ce seroit de ioye,
Fatime dans ces lieux arriua hier au soir.
ZEGRY.
Fatime, est-il possible?
ALABEZ.
   Oüy, ie viens de la voir,
ZEGRY.
Tu te trompes, peut-estre?
ALABEZ.
    Ah, ie ne suis pas gruë,
Ie l'ay fort obseruée, & l'ay bien reconnuë,
Son Esclaue qui fut ma Maistresse autresfois,
Auec elle à l'instant vient d'entrer en ce bois.
ZEGRY.
Dieux! ne la vois-ie point?
ALABEZ.
   Oüy, c'est elle qui passe.
ZEGRY.
Que ses yeux ont d'éclat, que son port a de grace,
ORMIN à part.
Helas!

Tragi-comedie.

ZEGRY.
J'y reconnois mille nouueaux appas?
ALABEZ.
Estes vous insensé, vous ne l'abordez pas.
ZEGRY.
Non pour la saluer, ie luy rendray visite,
J'auray sans doute alors l'ame moins interdite.
ALABEZ.
Pour moy qui n'ayme pas, si delicatement,
Ie vais sans differer, faire mon compliment.
ZEGRY.
Sans nous monstrer, d'icy nous pourrons recon-
noistre
Par l'accueïl du valet, l'estat qu'on fait du Maistre.

SCENE IV.

ALABEZ, CHARIFE, FATIME, ZEGRY, ORMIN.

ALABEZ.

ENfin dont, tellement, tellement donc enfin?
CHARIFE.
Que veut cét insolent, passez vostre chemin!
ALABEZ.
Quoy loin de m'embrasser, Charife me querelle?
CHARIFE.
Allez, retirez vous?
ALABEZ.
Tu fais bien la cruelle,

FATIME.
Quel bruit ay-ie entendu, quel homme suit vos pas?
CHARIFE.
C'est vn impertinent, que ie ne connois pas.
ALABEZ.
Ie suis donc fort changé, de ce dernier voyage;
Mais ton ame est changée, & non pas mon visage:
Ta Maistresse sans doute aura de meilleurs yeux,
Elle sera moins sotte, & me connoistra mieux.
FATIME.
Et qui donc estes vous?
ALABEZ.
L'Esclaue de mon Maistre,
FATIME.
Quel Maistre ?
ALABEZ.
Pourriez-vous aussi le méconnoistre,
Son nom de vostre esprit seroit il effacé.
FATIME.
Charife, asseurement cét homme est insensé,
ALABEZ.
Quoy du vaillant Zegry, vous perdez la memoire,
FATIME.
Zegry ?
ZEGRY à part.
Quelle inconstance, ô Ciel qui l'eust peu croire !
ALABEZ.
Cét illustre heritier de ces braues Guerriers,
Qui iusques dans l'Espagne ont ceuilly des Lauriers,
Vostre fidelle Amant, le frere de Zaïde.
FATIME.
Ah, ie m'en resouuiens !
ZEGRY à part.
L'Ingrate, la perfide !
ALABEZ.
Vous ne demandez point en quel estat il est ?
FATIME.
Pourquoy dans sa personne ay-ie quelque interest ?
Peut-estre qu'il est mort.

Tragi-comedie.

ALABEZ.
Vous l'auez dit, Madame.
FATIME.
Nous sômes tous mortels! le Prophete ait son ame,
CHARIFE.
Vn fidelle valet eust couru son danger?
Pourquoy n'es-tu pas mort?
ALABEZ.
Pour te faire enrager?
ZEGRY *se découurant.*
Le Prophete ait son ame, infidelle Fatime?
Est-ce ainsi que pour moy vostre bonté s'exprime,
Mon retour vous déplaist, obiet trop deceuant,
Qui me méprisoit mort, me doit hayr viuant,
Ie trouble auec plaisir cette ioye infidelle
Que de monfeint trépas vous causoit la nouuelle?
Oüy, puisque de ma mort l'aduis vous est si doux
Ie vis encor, ingratte, & ne vis plus pour vous,
Toute ma passion se transforme en furie,
Ie vous méprise autant que ie vous ay cherie;
Mon cœur quitte auec ioye vn ioug si rigoureux,
L'amour ne cause plus mes soûpirs ny mes feux,
Ie soûpire des soins employez à vous plaire,
Et si ie brûle encor, ie brûle de colere.
ORMIN *à part.*
Ce succez à mes vœux, répond au dernier point.
FATIME.
Cét adueu me surprend, & ne m'afflige point,
Mes discours precedens vous ont deu faire entédre
Que ie n'ay pas pour vous l'ame tout à fait tendre,
Vous deuez croire apres ce mépris apparent,
Que ce qui vient de vous, m'est fort indifferend;
I'ay mille autres Amans plus braues que vous n'estes;
Et ne vous mettois pas au rang de mes conquestes,
ZEGRY.
Vostre orgueil est plus grád que n'est vostre beauté,
Le charme est assez foible, où ie fus arresté,

Il est vray que iadis ie vous trouuois aymable,
Mais i'eſtois amoureux, & n'eſtois pas croyable,
Auiourd'huy n'ayant plus l'eſprit ſi déreglé
Vous ceſſez d'eſtre belle, & moy d'eſtre aueuglé ;
Et ſi vous m'auez pleu, c'eſt qu'il m'eſt impoſſible
Lors que ie ſuis aymé de faire l'inſenſible.

FATIME.

Moy, vous aymer, ô Ciel ! l'eſtrange opinion,
Ie n'eus iamais pour vous que de l'auerſion.
Tous vos ſoins n'ont ſerui iamais qu'à me déplaire,
Mais en vous hayſſant, voſtre ſœur m'eſtoit chere,
Et ce n'eſt en faueur que de noſtre amitié,
Que pour vos paſſions, i'ay feint quelque pitié,
Sa priere a cent fois ma hayne retenuë,
Vous iuriez que vos iours dépendoient de ma veuë ?
Et ſuiuant ſes deſirs, ie me faiſois effort,
Afin de n'eſtre pas cauſe de voſtre mort.

ZEGRY.

Vos yeux n'ont iamais fait de bleſſure mortelle.

FATIME.

Redoutez que la voſtre encor ne renouuelle,
Vn ſeul de mes regards lancé d'vn air plus doux,
Peut changer en amour ce violent couroux ;
Mais d'vn regard pareil, ie ſuis aſſez auare,
C'eſt pour voſtre conqueſte vn prix vn peu trop rare
Ie borne mes deſirs à ne vous voir iamais,
Adieu deuenez ſage, & me laiſſez en paix,

SCENE

Tragi-comedie.

SCENE V.

ZEGRY, ALABEZ, ORMIN.

ZEGRY.

OVy, ie deuiendray sage, infidele Fatime,
Ton mépris est iniuste, & le mien legitime;
Puisque tu ne pretends qu'à te faire hayr,
Pour la derniere fois, ie te vais obeyr.
Mon cœur ne sera plus ton indigne trophée,
Ses liens sont brisez, sa flame est estouffée,
Alabez cependant marche dessus ces pas,
Suy là iusques chez elle, & ne te monstre pas.

ORMIN.

Son orgeuil est iniuste, & n'est pas suportable;
Et vostre changement n'est que trop equitable.
O que vous faites bien d'affranchir vostre cœur
Du ioug imperieux d'vn si cruel vainqueur !
Le Ciel vous a fait naistre auec trop dauantages
Pour n'obtenir iamais que d'éternels outrages;
Il est d'autres beautez qui feroient leurs plaisirs
De partager vos feux, d'imiter vos soupirs,
Et qui vous aprendroient que l'heur d'vn Diademe
Cede au bien d'estre aymé d'vn obiet que l'on ayme.
Qui méprise en amour doit estre méprisé,
Et ne merite pas ce qu'il a refusé.

ZEGRY.

Que mes ennuys sont grands ! que ce mépris est rude !
O Sexe trop volage, ô noire Ingratitude !

B

Depuis qu'amour se plaist, à troubler les Amants,
Fut-il iamais martire égal à mes tourments?
De tous les déplaisirs mon cœur se sent atteindre.
ORMIN.
Ah, Seigneur, i'en connois qui sont bien plus à plaindre,
Et si ce que ie sçay vous estoit reuelé,
Vous auriez grand suiet d'estre fort consolé
ZEGRY.
Oüy, parle & diuertis, la douleur qui m'accable,
La disgrace d'autruy console vn miserable.
ORMIN.
Amour fay que son cœur cessant d'estre abusé
S'attendrisse au recit du mal qu'il m'a causé!
Vne ieune Beauté de qui par bien-seance,
Ie tairay, s'il vous plaist, le nom & la naissance,
Et de qui i'oseray vous dire seulement,
Quelle m'estoit fort proche & m'aymoit tendremēt,
Touchoit encore à peine à sa quinziesme année,
Alors qu'on luy parla d'amour & d'Himenée;
Et qu'on luy commanda d'esperer pour mary
Vn homme trop aymable, & qui fut trop chery,
Et qui loin de brûler d'vn ardeur mutuelle,
Prit pour vn autre obiet vne amour criminelle
Sa trop fidele Amante auec douleur l'aprit;
Mais vn mal-heur plus grand ensuitte la surprit,
L'ingrat rompit l'accord du prochain mariage,
Et partit sans la voir pour faire vn grand voyage,
Ie puis vous asseurer qu'apres cét accident,
Sa tristesse fut viue, & son dépit ardent:
Mais son dépit fut moindre encore que sa flame
L'inconstant la quitta sans sortir de son ame;
Et méprisant son sexe, & brauant le trépas
Dessous l'habit d'vn homme elle suiuit ses pas.
ZEGRY *en resuant.*
O rigueur trop barbare, ô Passion funeste!
ORMIN.
Vous serez plus touché quand vous sçaurez le reste.

Tragi-comedie.

Dés qu'elle fut sur mer par vn mal-heur nouueau
D'infames Escumeurs surprirent son Vaisseau ;
Et quelque temps apres elle fust acheptée
Par l'ingrat qui l'auoit indignement quittée ;
Et c'est ainsi qu'enfin par d'estranges reuers,
Le Sort comme l'Amour la voulut mettre aux fers :
Mais elle sans changer d'habit, & de courage,
Sceut trouuer des douceurs en ce double esclauage ;
Et sans vouloir sortir de cét estat fatal
Suiuit cét inconstant en son pays natal,
Et ne redoutant pas qu'on la put reconnoistre,
Seruit sans nul espoir cét infidele Maistre,
Essaya de luy plaire, & reüssit si bien,
Qu'il estima son zele, & ne luy cacha rien ;
Mais que cette amitié la rendoit peu contente,
De l'heur de sa Riualle elle estoit confidente,
Et l'ingrat à ses yeux protestoit chaque iour,
Qu'il perdroit la clarté plustost que son amour.

ZEGRY en rêuant.
O peine sans égale, ô cruelle iniustice !

ORMIN.
O Dieux ! il s'attendrit, amour sois moy propice !
N'est-elle pas, Seigneur, plus à plaindre que vous ?
Au prix de ses tourmens, vos ennuis sont bien
 doux.
Vous ne répondez point.

ZEGRY.
   Oüy, oüy, ie le confesse !
Ie la deurois hayr ; mais i'ay trop de foiblesse !
Ah, Fatime !

ORMIN.
   Ah, mal-heur !

ZEGRY.
   Ormin, quel a d'appas.

ORMIN.
Dessus ce que i'ay dit vous ne répondez pas

ZEGRY.
De quoy m'as tu parlé ?

ORMIN.
D'vne Amante accablée.
ZEGRY.
Il ne m'en souuient point, tant i'ay l'ame troublée,
ORMIN.
Vous sembliez compatir si fort à son mal-heur,
ZEGRY.
Helas ! ie n'ay songé qu'à ma seule douleur.
ORMIN.
Quoy, l'Ingrate Fatime aura-elle la gloire,
En quittant vostre cœur d'estre en vostre memoire ?
Non, s'il vous en souuient pour adoucir vos maux,
Ne vous souuenez plus que de ses seuls deffaux,
Songez quelle est trop fiere, & n'est pas assez belle,
Pour garder vn Amant si noble & si fidele,
Que ses yeux, & son teint n'ont rié qui soit charmant,
Que sa taille & son port n'ont aucun agréement ?
Que son esprit......
ZEGRY.
Ormin n'en dis pas dauantage,
Ie ne sçaurois encor endurer qu'on l'outrage,
Cette Ingratte Beauté qui rit de ma langueur,
N'a point d'autres deffaux que sa seule rigueur ;
Et ie crains bien malgré ce defaut volontaire
Que mon amour triomphe encor de ma colere.
ORMIN.
Quoy, Fatime est si fiere, & vous l'estes si peu,
Elle sera de glace, & vous serez de feu ?
Quoy, vous pourriez l'aymer lors quelle vous deteste,
Ah ! ne retombez plus dans cette erreur funeste.
Il n'appartient, Seigneur, qu'à de lâches esprits
De supporter sans haine vn semblable mépris,
Pour laisser qui nous fuit, il faut peu se contraindre,
Et quád l'espoir s'esteint l'amour se doit esteindre.
ZEGRY.
Ce que tu dis, Ormin, est la mesme equité,
Ie dois suiure Fatime en sa legereté,

Ie dois

Tragi-comedie.

Ie dois estre insensible autant qu'elle est seuere,
Ma flame est vne erreur, mais cette erreur m'est
 chere,
Tes fideles conseils ne sont pas de saison,
L'amour n'a pas fait place encore à ma raison,
Ie suis né pour languir, & pour mourir pour elle,
Bien qu'elle soit ingratte, elle n'est pas moins belle.

ORMIN à part.

L'espoir qui me flattoit n'a duré qu'vn moment !
O miserable Amante, ô trop iniuste Amant !

ZEGRY.

Que ne la puis-ie haïr, & que n'est-il possible
Que mon cœur amoureux se treuue moins sensible,
Ou que n'est-il au moins en cette extremité,
Sensible à sa rigueur autant qu'à sa Beauté?

SCENE VI.

ALMANSOR, ZEGRY, ORMIN.

ALMANSOR.

Amy, ie te rencontre auec bien de la ioye.

ZEGRY.

Ie suis tousiours content, pourueu que ie te voye,
Tu sçais que loin de toy, rien ne me semble doux,
Te voila donc enfin habillé comme nous:
Cét habit est bien fait.

ALMANSOR.

 Ie l'ay pris tout à l'heure
Dedans l'appartement que i'ay dans ta demeure.

ZEGRY.

Cét habit de Berger te sied infiniment :
Mais pour vn Almansor, c'est trop d'abaissement,

ALMANSOR.
L'habit n'obscurcit rien de l'éclat du merite ;
Et ie ne puis faillir alors que ie t'imite:
Toy dont la race est noble, & dont le cœur est tel
Qu'il m'a sauué la vie en vn peril mortel.
ZEGRY.
Les Bergers de ce bois & de cette campagne,
Descendent des Heros qui conquirent l'Espagne,
De ces Mores fameux de qui les grands exploits
De cent peuples Chrestiens firent trembler les Rois;
Et qui voyans Thunis par Charles-Quint conquise,
Conseruent dans ces lieux leur gloire, & leur fran-
    chise,
Disposent en secret les Rois les plus zelez,
A chasser les Chrestiens de ces lieux desolez,
Et se tiennent tous prests pour ioindre & pour ac-
    croistre
Le premier armement que l'on verra paroistre.
ALMANSOR.
Ie sçay que ce desert vaut la plus belle Cour :
Mais apprens que Gomelle est icy de retour,
Souffre pour vn instant Zegry, que ie te quitte !
Il est de mes amis, & ie luy dois visite.
ZEGRY.
Tu connois donc Fatime ?
ALMANSOR.
        Oüy, c'est vne Beauté
Qui du braue Gomelle a receu la clairté ?
Adieu, ie reuiendray te ioindre en diligence,
Ie dois l'entretenir pour chose d'importance.

SCENE VII.
ZEGRY, ORMIN.
ZEGRY.

D'Importance! Ce mot redouble mon soucy,
Pour épouser Fatime, il est sans doute icy!
O Ciel! se pourroit-il pour comble de tristesse,
Que mon plus cher amy m'enleuast ma Maistresse?
Helas, s'il estoit vray, ie mourrois de douleur!
Cher Ormin, essayons d'empescher ce mal-heur!
C'est de tes seuls aduis que i'attends du remede
L'esprit le plus brillant en lumiere te cede,
I'ay veu tousiours en toy, ie ne sçay quoy de grand,
Ton adresse me charme, & ton soin me surprend.

ORMIN.
Seigneur, ie suis Esclaue, & fais gloire de l'estre.

ZEGRY.
Non, non, ie t'affranchis, sois l'amy de ton Maistre.

ORMIN.
Ce que la liberté peut auoir de plus doux,
Me plaist moins que les fers que ie porte pour vous.

ZEGRY.
Ce zele peu commun m'attendrit & m'estonne,
Quitte, quitte, les fers, Ormin, ie te l'ordonne,
Sois libre.

ORMIN.
I'obeïs? qu'ay-ie promis, helas!
Puis-ie estre libre, amour, quand mon cœur ne l'est pas?

Fin du premier Acte.

ACTE II.

SCENE PREMIERE.

FATIME, ZAIDE, CHARIFE, MEDINE.

FATIME.

Entrez Zaide, il faut que les ceremonies
De mesme qu'autrefois, d'entre vous soient
 banies.
Pourquoy voulez-vous prendre vn inutile soin?

ZAIDE.

Puisque vous le voulez, ie n'iray pas plus loin.

FATIME.

Ie puis donc m'asseurer auant que ie vous quitte,
Que vous empescherez qu'Adibar vous visite,
Ie vous l'ay dé-ja dit, il m'aymoit autrefois :
Mais ie sçay qu'auiourd'huy vous luy donnez des
 loix ;
Et i'ay lieu d'esperer, s'il vous trouue inhumaine,
Qu'il pourra retourner à sa premiere chaine.

ZAIDE.

Fatime, asseurés vous qu'il sera rebuté,
Son amour n'est pour moy qu'vne importunité ;
Mais souuenez vous bien que si ie vous suis chere,
Vous feindrez des bontez encore pour mon frere :
De grace en ma faueur, laissez luy quelque espoir,

Tragi-comedie.

FATIME.
Adieu, ie vous promets de le mieux receuoir.

※※※※※※※※※※※

SCENE II.

MEDINE, ZAIDE.

ZAIDE.

Qve dis-tu de Fatime, & de cette priere ?
MEDINE.
Qu'Adibar est aymable !
ZAIDE.
Oüy, mais ie suis trop fiere
Pour accepter vn cœur, qu'vn autre a surmonté ;
Et qui seroit à moy par sa legereté :
Mais si i'osois aymer.
MEDINE.
Acheuez !
ZAIDE.
Ah, Medine !
Ie dois faire le reste.
MEDINE.
Et moy, ie le deuine ;
L'amour vous a touchée, & i'ay lieu de iuger,
Que c'est pour Almansor, cét aymable Estranger.
ZAIDE.
Moy, de l'amour pour luy ?
MEDINE.
Pourquoy-non, est-ce vn crime ?
ZAIDE.
N'appelle point amour, ce qui n'est rien qu'estime.

MEDINE.
Dans l'estime & l'Amour, on void tant de rapport,
Qu'on les prend l'vn pour l'autre, & qu'on s'y trom-
   pe fort.
ZAIDE.
Ie doit me souuenir qu'en son dernier voyage,
Mon frere a dans Alger conclud mon Mariage,
Que mon nouuel Amant doit bien-tost arriuer;
Et que mon cœur se doit pour luy seul reseruer,
De plus à ton aduis, pourois ie sans foiblesse,
Aymer cét estranger, que mon frere caresse!
Mais qui depuis vn mois en ces lieux est venu,
Et de qui le merite encor m'est inconnu.
MEDINE.
Puisque cét Estranger qui n'est pas du vulgaire,
Merite de se voir l'amy de vostre frere,
L'on peut auec raison croire qu'assurément,
Il doit bien meriter d'estre aussi vostre Amant;
Et i'ignore pourquoy vostre bouche veut taire
La flame qui pour luy dans vos yeux est si claire
Lors qu'auec vostre frere il vient vous visiter,
Vos regards sur luy seul semblent tous s'arrester;
Et dans le mesme instant, i'ay mille fois pris garde,
Qu'auec la mesme ardeur l'estranger vous regarde.
ZAIDE.
Tout de bon, l'as-tu veu souuent me regarder?
MEDINE.
Vous prenez bien du soin de me le demander!
Voilà plus de cent fois depuis vne heure entiere,
Que vous m'interrogez dessus cette matiere;
Et sans doute à vous voir curieuse à tel point,
Ie croy que ses regards ne vous déplaisent point,
Et que vous y serez sans peine accoustumée.
ZAIDE.
Helas, peut-on iamais s'offencer d'estre aymée!
MEDINE.
Si son amour vous plaist, ie pense qu'aysement
Sa personne pourra vous plaire egalement,

ZAIDE.

C'eſt ſans attachement que ie le conſidere,
peut-eſtre il ayme ailleurs, & ie puis luy déplaire.

MEDINE.

Ce ſoupçon mal-gré vous met voſtre flame au iour,
Touſiours la ialouſie eſt fille de l'amour.

ZAIDE.

pleuſt au Ciel qu'il fuſt libre & qu'il me trouuaſt
belle:
Mais ie le voy ſortir du logis de Gomelle:
Ie veux ſonder ſon ame & me deſabuſer.
Ie vay ſur ce gazon feindre de repoſer.

MEDINE.

Comment, pour quel deſſein? i'ay peine à le comprendre.

ZAIDE.

Eloigne-toy, tantoſt tu le pourras apprendre.

SCENE III.

ALMANZOR, ZAIDE.

ALMANSOR.

Gomelle eſt en viſite attendant ſon retour,
Ie puis icy réuer, à ma nouuelle amour
O Ciel, ne voy-ie pas deſſous cette verdure
L'Adorable ſuiet des peines que i'endure!
Dans ce rencontre amour ſemble aſſez me flatter,
C'eſt l'aymable Zaide, il n'en faut point douter.
Auec tranquilité, cette belle repoſe,
Tandis que ie languis du mal qu'elle me cauſe,

La Genereuse Ingratitude

Elle ne peut sans doute à present m'écouter ;
Et ie puis luy parler d'amour sans l'irriter :
Mais helas ! de mon sort la rigueur est bien grande;
Lors que i'ose parler ie crains que l'on m'entende.
Vous qui m'auez apris l'vsage des soûpirs,
Cher Obiet de ma ioye & de mes déplaisirs :
Permettez que mon ame amoureuse & discrete,
Exprime deuant vous sa passion secrette,
Et s'ose plaindre icy de cent maux endurez,
Que vous auez fait naistre & que vous ignorez ;
Et vous de tous mes feux sources toutes brillantes,
Où i'ay pris des ardeurs qui sont si violentes
Beaux yeux charmans autheurs de ma captiuité,
Iouyssez du repos que vous m'auez osté !
 parmy les pauots qui ferment vos paupiers
 e vous offencez pas de perdre vos lumieres.
'Astre le plus brillant ne s'en peut dispenser,
 t souuent comme vous on les void éclipser.

    ZAIDE faisant la réueuse,
Almansor.

ALMANSOR.
    Elle réue.

ZAIDE,
     Ah, rigoureux martire !
De languir, de brûler, & de n'oser le dire !
Helas !

ALMANSOR.
   Qu'entend-ie, ô Ciel !

ZAIDE.
   Nous sentons mesme ardeur.

ALMENSOR.
Qu'en'est-il vray, Zaide ?

ZAIDE.
    Excuse ma pudeur.

ALMANSOR,
O sommeil fauorable !

ZAIDE,

Tragi-comedie.

ZAIDE.
O cruelles contraintes !
Quand ſerons nous contens, quand finiront nos plaintes ?

ALMANSOR.
Dans mon rauiſſement tous mes reſpects ſont vains,
Pour la remercier baiſons ſes belles mains.

ZAIDE *feignant de s'éueiller.*
Arreſtez inſolent! d'où vous vient cét audace ?

ALMANSOR.
Qu'ay-ie fait mal-heureux, i'alois vous rendre grace.

ZAIDE.
Dequoy ?

ALMANSOR.
De vos bontez ?

ZAIDE.
Ie ne ſçay pas comment,
I'ay peu donner matiere à ce remerciment,
Quiconque aura voulu conſulter l'apparence,
Sçaura que i'ay pour vous beaucoup d'indifference:
Mais qu'en i'en aurois moins, ſeroit-il à propos,
Pour me remercier de troubler mon repos.

ALMENSOR.
Excuſez mon tranſport, Bergere trop aymable,
Si i'auois moins aymé ie ſerois moins coupable,
Dans cette occaſion vn Amant circonſpect
Euſt fait voir peu d'amour monſtrant trop de reſ-
    pect ;
Et tel que ſoit mon crime, ô Beauté que i'adore,
Il ſeroit pardonné, ſi vous dormiez encore :
Mais, helas mon bon-heur ſe voit bien-toſt chan-
    ger,
Vous ne vous éueillez qu'afin de m'affliger,
Vos yeux en reprenant leur grace & leur lumiere,
Reprenent tout d'vn temps leur fierté couſtumiere;
Et le charmant eſpoir dont i'ay ſi peu iouy,
Auec voſtre ſommeil ſe trouue éuanoüy.

D

ZAIDE.

Vous vous expliquez mal: ce mot d'espoir m'estonne,
Ie n'en donne iamais ny n'en oste à personne.

ALMANSOR.

Si mesme à vos discours i'osois adiouster foy
Du moins n'auriez vous pas d'auersion pour moy?
Rien ne seroit egal à ma bonne Fortune,
Vous ne treuueriez point ma presence importune,
Ie serois mieux receu, ie serois estimé;
Et possible

ZAIDE.

Acheuez.

ALMANSOR.

Ie pourrois estre aymé.

ZAIDE.

Aymé, si c'est de moy, vous pourriez vous méprendre.

ALMANSOR.

Vous m'auez fait pourtant l'honneur de me l'apprendre,
I'ay place en vostre cœur si i'en croy vostre voix,
Vous estes mon témoin & mon iuge à la fois.
Ne désauoüez point cét arrest fauorable,
Cét Oracle sorty d'vne bouche adorable,
Ces mots remplis de charme endormant prononcez
Qui m'ont promis des biens qui sont si-tost passez.

ZAIDE.

Ie réuois, Almansor, & vous sçauez qu'vn songe
Est souuent vn trompeur & tousiours vn mensonge.

ALMANSOR.

Oüy, ma gloire est vn songe ainsi que vos bontez;
Mais i'ay des passions qui sont des veritez,
Ma flame dans mes yeux vous a paru trop claire,
Pour la pouuoir cacher à force de la taire,
Et l'ingrate froideur que vous me faites voir,
N'esteint pas mon amour ainsi que mon espoir.

Tragi-comedie.

ZAIDE.
Cette amour vient fort tard & i'en suis affligée,
Vous sçauez bien qu'ailleurs ie me trouue engagée.

ALMANSOR.
Oüy, ie sçay qu'vn Amant fauorisé des Cieux,
Vous doit bien-tost venir enleuer à mes yeux,
Ie sçay qu'il vous est cher, mesme auant qu'il vous voye,
Ie ne troubleray point vos plaisirs ny sa ioye,
Tel que soit son bon-heur ie pretends le souffrir,
Sans me plaindre de vous; mais non pas sãs mourir.
Dés que vous partirez pour le fatal voyage
Où se doit accomplir vostre heureux mariage,
Sçachez qu'au mesme instant dans l'excez de mon deuil,
Vous me verrez partir pour aller au cerceuïl,
Où les restes du feu qui m'y fera descendre,
Apres ma mort encore échaufferont ma cendre.

ZAIDE.
La fortune vous doit vn sort beaucoup plus doux.

ALMANSOR.
Mon bon ou mauuais sort ne dépend que de vous,
Vne faueur d'ailleurs me seroit importune:
Enfin ie vous adore, & non pas la fortune.

ZAIDE.
Qu'attendez vous de moy, dans l'estat où ie suis?

ALMANSOR.
D'immortelles ardeurs & d'éternels ennuis,
Ie doit tousiours aymer sans espoir que l'õ m'ayme.

ZAIDE.
Quiconque ayme beaucoup, peut esperer de mesme.

ALMANSOR.
Quoy, pourrois-ie esperer d'estre vn iour mieux traité?

ZAIDE.
Consultez là dessus vostre fidelité.

ALMANSOR.
Vostre ame pour aymer paroist trop insensible.

ZAIDE.

Vn Amant bien constant peut faire l'impossible,
Et le premier refus ne doit pas estonner
Quiconque a de l'amour, assez pour en donner.

ALMANSOR.

Ah, c'est m'en dire assez!

ZAIDE.

Le sang au front me monte,
Ie n'en ay que trop dit & i'en rougis de honte.

ALMANSOR.

Cét adueu glorieux me rend trop satisfait.

ZAIDE.

Les songes quelquesfois ne sont pas sans effet :
Mais desia le Soleil acheue sa carriere,
R'entrons pour discourir dessus cette matiere,
Ie crains cét importun.

SCENE IV.

ADIBAR, ZAIDE, ALMANSOR.

ADIBAR.

Sans paroistre trop vain,
Puis-ie esperer l'honneur de vous donner la main,
L'vne vous reste libre, oseray-ie la prendre.

ZAIDE.

I'ay peu besoin des soins que vous me voulez rendre.

ADIBAR.

Ma conduite vaut bien celle d'vn Estranger.

ZAIDE

ZAIDE.
Vous pourriez me déplaire en pensant m'obliger.
ADIBAR.
Le Prophete qui sçait combien ie vous réuere,
Connoist bien à quel point ie crains vostre colere,
Et les soins que ie prends, vous doiuent asseurer
Que ie ne viens icy que pour vous honorer,
Puis-ie vous dire à part vn secret d'importance?
ZAIDE.
Rien ne m'est important comme la bien-seance,
Qui ne peut me permettre au iugement de tous
D'écouter des secrets d'vn homme tel que vous.
ADIBAR.
Ie ne demande rien que ce qu'obtient vn autre.
ZAIDE.
Son entretien me plaist, & ie hay fort le vostre.
ALMANSOR.
Vous prenez mal le temps pour conter vos secrets,
L'Amour n'est pas souuent propice aux indiscrets
Et l'inciuilité que vostre orgueil exprime,
Est vn mauuais moyen pour gagner de l'estime.
ADIBAR.
Ie ne suis pas icy pour prendre vos leçons.
ALMANSOR.
I'en fais à vos pareils de toutes les façons.
ADIBAR.
Ce grand emportement vous conuainc & m'excuse
De l'inciuilité dont vostre erreur m'accuse,
Vn homme mieux instruit, de peur d'estre suspect,
Se seroit retiré pour marquer son respect,
Vous estes fort grossier, mais auec indulgence,
On doit d'vn Estranger supporter l'ignorance.
ZAIDE.
Vous auez les deffauts qu'en luy vous condam-
nez,
Cét Estranger m'oblige, & vous m'importunez.
ADIBAR.
Vostre main toutesfois luy deuroit estre ostée:

E

ALMANSOR.
Vous seriez en danger, si ie l'auois quittée.

ADIBAR.
Vous pourriez la quitter pour courir à la mort.

ALMANSOR.
Ie respecte Zaïde, & vous méprise fort.

ADIBAR.
Si le mesme respect n'arrestoit ma vengeance,
Le chastiment de pres suiuroit vostre insolence.

ZAIDE *quittant la main d'Almansor.*
Ces mouuements si prompts, & si fort éclattants
Doiuent estre pour moy de mauuais passe-temps,
Et ie reconnois bien par cette violence,
Qu'aucun ne me respecte, & que chacun m'offence.

ALMANSOR.
Quoy, suiuant ses desirs vous m'ostez vostre main!
Mon Riual trop content va deuenir trop vain,
Deuez vous m'outrager à dessein de luy plaire?

ZAIDE.
Et par quel droit aussi, dois-ie vous satisfaire?

ADIBAR.
Madame, en ma faueur ne vous contraignez pas;
Ie sçay qui de nous deux pour vous a plus d'appas,
Ie luy cede en bon-heur, & peut-estre en merite,
Son entretien vous plaist, & de mien vous irrite,
De cette verité ie ne puis ignorer,
Pour ne vous troubler pas ie vay me retirer,
Mon respect est plus fort que n'est la ialousie
Dont mon ame amoureuse est iustement saisie;
Et mes ressentimens pour vous seront forcez,
Iusques à me haïr, si vous me haïssez.
Que mon riual sans trouble icy vous entretienne,
Aux dépens de ma ioye establissez la sienne:
Mais songez qu'Adibar qui vous quitte à regret,
S'il n'est le plus aymé, n'est pas le moins discret.

ZAIDE
Adibar, reuenez!

Tragi-comedie.

ADIBAR.

Mon depart vous oblige?

ZAIDE.

Non, si vous m'estimez, vous reuiendrez, vous dis-ie,
Pour leuer des soupçons à ma gloire opposez.
Donnez-moy vostre main, & me reconduisez :

ALMANSOR.

Ah, ie ne puis souffrir cette iniure inhumaine!

ZAIDE.

Almansor, demeurez sur peine de ma haine!

ALMANSOR.

Escoutez quatre mots.

ZAIDE.

Rien ne peut m'émouuoir :
I'écoute la raison, & ie suy mon deuoir.

SCENE V.

ALMANSOR.

Qvel coup de foudre, ô Ciel contre toute apparence!
Vient destruire ma ioye auec mon esperance?
I'écoute la raison, & ie suy mon deuoir.
Ma constance, à ces mots, cede à mon desespoir ;
Et ie suy mon deuoir, non cruelle Zaide,
En suiuant Adibar, c'est l'amour qui vous guide :
Mais quoy? peut-estre aussi que ie me plains à tort,
Possible en me quittant elle se fait effort ;
Et donne à mon Riual icy la preference
Pour oster tout soupçon de nostre intelligence ;

Elle m'ayme, elle m'ayme, ah! que dis-je, insensé!
Sans doute par mépris l'Ingrate m'a laissé.
L'Amour est inconstant ainsi que la fortune,
Son Empire ressemble à celuy de Neptune,
Pour quiconque s'y treuue, il n'est rien d'asseuré,
Le plus heureux doit estre au mal heur preparé.
Vn grand calme est souuent suiuy d'vn grand orage,
Et tout proche du port on peut faire naufrage,
Ce sont des veritez dont ie ne doute pas :
Mais mon Esclaue icy s'achemine à grands pas.

SCENE VI.

ALMANSOR, GASVL.

ALMANSOR.

As-tu trouué Gomelle?
GASVL.
Oüy, Seigneur, & ie pense
Que pour vous embrasser à la haste il s'auance.
ALMANSOR.
C'est vn soin que mes pas luy doiuent épargner.
GASVL.
Durant vostre entretien, dois-ie pas m'éloigner?
ALMANSOR.
Oüy, va me preparer vn concert de Musique.
GASVL.
Vn concert? quoy si tard?
ALMANSOR.
Va viste, & sans replique:

Tragi-comedie.

SCENE VII.

ALMANSOR, GOMELLE.

GOMELLE.

Qve ie suis consolé de vous reuoir icy !
ALMANSOR.
Ma ioye en vous voyant n'est pas moins grande
 aussi :
Mais parlons de ma mere.
GOMELLE.
Attendez sa venuë,
Demain, icy sans faute elle arriue inconnuë.
ALMANSOR.
Inconnuë, & pourquoy n'oser se faire voir ?
GOMELLE.
Le secret seulement d'elle se doit sçauoir.
ALMANSOR.
Ma sœur vient-elle pas ?
GOMELLE.
Il ne faut point l'attendre.
ALMANSOR.
Où fait-elle seiour ?
GOMELLE.
Ie ne puis vous l'apprendre.
ALMANSOR.
Que dites vous, Gomelle, & que puis-ie penser
Dedans l'incertitude où vous m'allez laisser ?
Ce procedé m'estonne & cet obscur langage
Est d'vn mal-heur caché le visible presage :
Helas, ma sœur est morte, il n'en faut point douter,

GOMELLE.
Sa mort n'est pas le mal qui vous doit attrister.
ALMANSOR.
Qu'est-il donc arriué ?
GOMELLE.
Quelque chose de pire :
ALMANSOR.
Ce mot pour m'éclaircir, ne peut encore suffire:
Sçauray-ie point pourquoy l'ordre m'est arriué
De sortir de Tremisse où ie fus éleué ?
De me rendre en ces lieux en toute diligence,
De m'addresser à vous auecque confiance,
De taire ma famille, & de changer encor,
Le nom d'Abencerage, en celuy d'Almansor?
GOMELLE.
Ie dois dessus ce point auoir la bouche close,
Il ne m'est pas permis de vous dire autre chose,
C'est vostre Mere, enfin, qui le souhaitte ainsi,
Par sa bouche demain vous serez éclaircy ;
Mais desia le Soleil pallit deuant Diane,
Attendant le repas entrons dans ma Cabane :
ALMANSOR.
Vous m'en dispenserez, s'il vous plaist, auiour-
    d'huy.
GOMELLE.
Où voulez vous aller ?
ALMANSOR.
Zegry m'attend chez-luy ?
GOMELLE.
Zegry, que dites vous, quel charme vous engage
A respondre si mal au nom d'Abencerage,
A cette inimitié, qui pour mille raisons,
Est comme hereditaire entre vos deux Maisons ?
ALMANSOR.
Vn deuoir bien plus iuste à l'aymer me conuie,
Dans le Caire sans luy i'aurois perdu la vie,
De lâches ennemis m'auoyent enuironné ;
Et sans son prompt secours i'estois assassiné,

Son nom que ie connus sans mé faire connoistre,
Troubla mon amitié qui commençoit à naistre :
Mais ses bontez pour moy, ses soins ses agrée-
　mens,
Dissiperent bien-tost ces vieux ressentimens;
Et suiuant l'amitié dont le neud nous assemble,
Dans ce pays enfin, nous reuinsmes ensemble,
Où ie fus obligé par le mesme lien,
De ne pas souhaitter de logis que le sien.
GOMELLE.
O Ciel! mais poursuiuez.
ALMANSOR.
　　　　　Sa sœur vous est connuë,
Ie deuins son Amant dés sa premiere veuë,
Par vn charme puissant dont seule elle sçait l'art;
Mon cœur à ses beaux yeux ne cousta qu'vn re-
　gard.
Et si l'Hymen !
GOMELLE.
　　　　Tout beau n'acheuez pas le reste ;
Gardez de vous flatter d'vn espoir si funeste,
Ne souhaittez iamais cét indigne bon-heur;
Perdez vos passions où vous perdez l'honneur.
ALMANSOR.
L'honneur ?
GOMELLE.
　　Oüy, ce discours vous surprend & vous fâche ?
ALMANSOR.
Ie crains le nom d'Ingrat.
GOMELLE.
　　　　　　Craignez celuy de lâche ?
Ces honteux mouuemens blessent vostre deuoir :
ALMANSOR.
Quelle en est la raison, ne puis-ie la sçauoir?
GOMELLE.
Demain vous l'apprendrez en voyant vostre Me-
　re :
Haïssez cependant, & la sœur & le frere,

ALMANSOR.

Les haïr, moy qui d'eux ay receu tant de bien?
Non, non, ie iure :

GOMELLE.

Entrons, & ne iurez de rien.

Fin du deuxiesme Acte.

ACTE III.

ACTE III.

SCENE PREMIERE.

ZEGRY, ORMIN.

ZEGRY.

DEsia la nuit s'approche, il est téps de te mettre
Mon espoir dans les mains auec cette lettre :
Pratique son Esclaue, & fay discrettement,
Qu'elle veille de toy prendre ce Diamant :
Ensuitte sers toy bien de toute ton adresse
Pour sçauoir les secrets de sa fiere Maistresse ;
Et songe qu'au retour i'attends de ton rapport
Ou l'Arrest de ma vie, ou celuy de ma mort.

ORMIN.

Cruel commandement! où me voy-ie reduitte!
Encore vn mot, Seigneur, auant que ie vous quitte?
Songez y bien encor, quel espoir auez vous,
Vos importunitez accroistront son couroux ;
Et vous ferez bien mieux si i'ose vous le dire,
De sortir pour iamais de cét indigne Empire,
Ainsi que de l'amour, l'amour mesme est le prix,
La haine doit tousiours attirer le mépris.
Vos ames pour s'vnir sont trop mal asforties,
L'Amour pert son pouuoir dans les antipaties ;
Et c'est vn crime égal dans vn contraire effect
De hayr qui nous ayme, ou d'aymer qui nous hayt.

F

ZEGRY.

Ha, ne m'en parle plus, mon mal est invincible!
Au charme qui me pert mon ame est trop sensible,
Pour vaincre mes ennuis qui n'ont point de pareils,
Ie cherche du secours, & non pas des conseils;
Et pour ne ceder pas au torrent qui m'emporte,
Ie sens mon cœur trop foible & ma chaîne trop
   forte.

ORMIN.

O rigoureux adueu! mais si vos soins sont vains,
Si Fatime s'obstine en ses premiers desdains.

ZEGRY.

Ah, quel plaisir prends-tu d'accroistre mes allar-
   mes!
Cele moy ses rigueurs, & parle de ses charmes,
Par d'assez grands tourmens mon cœur est éprouué
Sans l'affliger d'vn mal qui n'est pas arriué.
Sois vn peu moins fidelle & flatte ma foiblesse,
Si dans mes desplaisirs ton ame s'interesse.

ORMIN.

Si vos yeux de mon cœur penetroient les secrets,
Vous sçauriez que i'y prends d'extremes interests,
Et que si vostre sort estoit en ma puissance,
Vos plaisirs passeroient bien-tost vostre esperance,
I'atteste le Prophete honnoré parmy nous
Que de tous vos ennuis, ie sens les contre-coups,
Que i'en pers le repos, que comme vous ie tremble:
Qu'enfin vous m'estes cher bien plus qu'il ne vous
   semble,
Que mon bon-heur dépend du succez de vos feux,
Et que c'est pour vous seul que mon cœur fait des
   vœux.

ZEGRY.

Plaise au Ciel que ton zele heureusement éclate,
Touchant en ma faueur l'ame de cette Ingrate.
Ma sœur l'a desia veuë, & sans doute ie croy
Qu'elle n'a pas manqué de luy parler pour moy:

Tragi-comedie.

Leur amitié me flatte, & permet que i'espere,
Que qui cherir la sœur, pourra cherir le frere.
Adieu fay ton deuoir, & sans perdre de temps,
Reuien rendre le calme à mes esprits flottans.

ORMIN.

I'y mettray tous mes soins, veille le saint Prophete
En rendre le succez, tel que ie le souhaitte.

SCENE II.

ORMIN seule.

STANCES.

A Quoy me resoudray-ie en ce mortel ennuy,
Dois-ie soliciter ma Riuale auiourd'huy,
    Pour vn Maistre ingrat qui m'outrage?
Et s'il paroist aueugle à mon desauantage,
    La seray-ie encor plus que luy?

Quoy, de ce que crains presseray-ie l'effet?
Faut-il à mes dépens le rendre satisfait.
    Par vne contrainte cruelle,
Et doy-ie deuenir la Ministre fidelle:
    Des iniustices qu'il me fait?

Non, non, ne seruons pas auec tant de chaleur,
Pour nous troubler encore par vn nouueau mal-heur
    Qui me cousteroit tant de larmes ;
S'il faut mourir, au moins ne dónós point les armes
    Qui doiuent me percer le cœur.

Faisons que de Fatime il n'espere plus rien,
Trahissons ce perfide, & le priuons d'vn bien,
    Qui nous deuiendroit si funeste,
Nous ne deuons fonder tout l'espoir qui nous reste
    Que dessus la perte du sien.

Mais d'où vient à ces mots que ie fremis d'effroy ?
Ie sens desia mon cœur soûleué contre moy.
    En faueur de ce cruel Maistre ?
Helas, tout infidele encore qu'il puisse estre !
    Ie ne puis luy manquer de foy.

Oüy cedés mon dépit à l'amour qui m'anime,
Vn exemple iamais ne iustifie vn crime,
Ne déliberons plus, mais i'entends quelque bruit,
C'est Fatime qui passe, & Charife la suit.

SCENE

SCENE III.

FATIME, CHARIFE, ORMIN.

FATIME.

CE mépris de Zaide au dernier point m'iritte,
Quoy bien loin d'empescher qu'Adibar la vi-
  site,
Elle accepte sa main pour me desobliger,
Ah, c'est vn traittement dont je me dois vanger!

CHARIFE.

L'affront vous est conneu, vous l'auez veu vous mesme
Et pour n'en pas mentir, l'iniustice est extréme.

FATIME.

Sçache que mon dépit est aussi sans pareil :
Mais entrons, cette nuit nous donnera conseil.

ORMIN.

Auançons promptement, il ne faut plus attendre,
Ie n'ose ouurir la bouche & ne puis m'en deffendre.
Amour dans mes mal-heurs mesle au moins quelque
  bien
Fay qu'en demandant tout, on ne m'accorde rien!
Aurez vous la bonté, Madame, de permettre
Que dans vos belles mains ie laisse cette lettre ?
Elle vient de l'Amant le plus passionné,
Que l'éclat de vos yeux ait iamais enchaîné ;
Et qui mal-gré l'amour dont son ame est atteinte,
Vous a pourtant donné quelque suiet de plainte :

FATIME.

De plainte ? N'est-ce point Adibar qui m'écrit ?

G

CHARIFE.

C'est luy-mesme sans doute, & le cœur me le dit.

FATIME.

Que souhaitte de moy cét Amant infidelle?

ORMIN.

O que cette douceur pour moy deuient cruelle!
Il borne ses souhaits à venir à vos yeux
Desauoüer hautement vn chime iniurieux,
Il veut marquer l'ennuy dont son ame est pressée,
A sa Diuinité iustement couroucée,
Et rendant ses forfaits dignes d'estre oubliez,
Receuoir vn pardon ou la mort à vos pieds.

FATIME.

Ie ne veux point sa mort, qu'il espere & qu'il viue,
I'ayme son repantir, quelque tard qu'il arriue,
Desia par tes discours mon cœur est adoucy.

ORMIN.

Ie n'ay pour mon mal-heur que trop bien reüssi.

FATIME.

Voyons dans ce Billet de quel air il s'enonce:
Et rentrons pour le lire, & pour faire réponce;
Puisque dans ses froideurs il n'est plus obstiné,
Ie luy veux enuoyer son pardon tout signé.

ORMIN.

Qu'à mon retour Zegry sera comblé de ioye!

FATIME.

Zegry, que dites-vous?

ORMIN.

Que c'est luy qui m'enuoye,
Qu'il baisera les mots dont vous l'allez flatter.

FATIME *déchirant la lettre.*

C'est icy ma réponce, allez là luy porter,

SCENE IV.
ORMIN, CHARIFE.

ORMIN.

Cette inégalité m'estonne & m'embarasse,
Charife?

CHARIFE.
Bonne-nuict,
ORMIN.
Escoute-moy de grace
CHARIFE.
Aux entretiens des sots ie ne prend pas plaisir?
ORMIN.
Arreste encore vn peu,
CHARIFE.
Ie n'ay pas le loisir.
Adieu beau caioleur!
ORMIN.
Sois vn peu moins farouche,
Ma main parlera d'or, au deffaut de ma bouche.
CHARIFE.
Ma foy, ie n'en croy rien.
ORMIN.
Crois en l'éuenement,
De la part de Zegry reçoy ce Diamant?
CHARIFE.
Moy vendre ma Maistresse! helas qu'à Dieu ne plaise.
Ie ne le prendray point.
ORMIN.
Ne sois pas si niaise.

G ij

CHARIFE.
Ie le prend pour te plaire auec confusion,
Et ne l'accepte enfin, qu'à bonne intention.
La pierre n'est point fausse, au moins ie l'imagine:
ORMIN.
Tu dois t'en asseurer, elle est & belle & fine.
CHARIFE.
Il semble que ie veuille, icy te soupçonner:
Mais à mon innocence il faut tout pardonner.
ORMIN.
Ne m'apprendras-tu point par quelle erreur fatale
L'humeur de ta Maistresse est si fort inegale?
Et d'où vient qu'au seul nom de mon Maistre Zegry,
Son cœur desia touché tout à coup s'est aigry.
CHARIFE.
Ie l'ayme, mais bien fort, & si tu te veux taire,
Ie te reueleray cet important mystere.
ORMIN.
Tu m'obliges beaucoup, parle ie suis discret:
Et de mesme que toy, ie tairay ce secret.
CHARIFE.
Fatime, a si i'en croy ce que i'ay peu connoistre,
Ayme autant Adibar comme elle hayt son Maistre;
Mais pour elle Adibar par vn plaisant retour,
N'a pas moins de froideur que son Maistre a d'amour?
Tu sçais que tu n'es pas encore connu d'elle,
Et que l'amour souuent trouble vn peu la ceruelle?
Et c'est pourquoy d'abord pour ne te rien celer,
Elle a creu qu'Adibar t'enuoyoit luy parler;
Et depuis connoissant s'estre fort mecontée.
I'ois du bruit, parlons bas, ie crains d'estre écoutée.

SCENE V.

ALABEZ, ORMIN, CHARIFE.

ALABEZ.

Où mon Maistre veut-il que ie rencontre Ormin;
Il est nuict, & ie treuue à peine mon chemin?
        ORMIN *baisant Charife.*
Que ne te dois-ie point?
        CHARIFE.
            Tout beau?
        ORMIN.
                Laisse moy faire,
Ton honneur auec moy ne se hazarde guere.
        CHARIFE.
Foin, foin, mon Diamant de mon doigt vient de choir.
        ORMIN.
Quelques herbes sans doute empeschent de le voir.
        CHARIFE.
Nous chercherons long-temps.
        ORMIN.
            Oüy, de cette maniere,
Ie feray mieux d'aller querir de la lumiere.

SCENE VI.

ALABEZ, CHARIFE.

CHARIFE *prenant pour Ormin.*

IE l'ay treuué, reuien!
ALABEZ.
Ie connois cette voix,
Que peut faire si tard Charife dans ces bois?
Approchons-nous plus pres.
CHARIFE.
Tu ne songes qu'à rire,
Mais ne me baise plus, ou bien ie me retire.
ALABEZ.
Ah Dieu la bonne piece, il faut tout écouter.
CHARIFE.
Oüy, promets d'estre sage, ou ie vay te quitter,
C'est prendre dés l'abord vn peu trop de licence;
Ie suis fille de bien qui craint la médisance:
Ie tiens au dernier point mon honneur precieux.
ALABEZ.
Tu cherches à le perdre, & ne voudrois pas mieux.
CHARIFE.
Quoy, tu ne me dis mot?
ALABEZ.
La bizare auanture!
CHARIFE.
Comment ton cœur s'afflige, & ta bouche murmure?
Ces libertez pourtant se pourroient excuser,
Si tu me promettois de vouloir m'épouser,

Tragi-Comedie.

Tu sçais que pour s'aymer il faut qu'on se marie ;
Et si ie te plaisois......
ALABEZ.
Ah quelle effronterie !
CHARIFE.
Que dis-tu ?
ALABEZ.
Par ma foy, me voila bien surpris.
CHARIFE.
Quoy tu ne répond rien? seroit-ce par mépris?
Ie ne croy point encore estre assez déchirée
Pour ne meriter pas d'estre consideree :
Tu connois Alabez, si ie l'auois voulu,
Mon himen auec luy seroit desia conclu :
Mais ce n'est qu'un lourdaut, & quoy qu'il ay peu faire,
Il n'a pas comme toy trouué l'art de me plaire.
Ses deffauts peuuent plus que ses soins obstinez.
ALABEZ.
L'impudente me va chanter pouille à mon nez.
CHARIFE.
Cét importun iamais n'a rien fait qui me plaise,
Il a l'esprit fort sot, & la mine niaise ;
Et ie ne réponds pas si le sort m'épousoit,
Qu'il ne fût de ces gens que chacun monstre au doigt
Qui souffrent qu'un voisin trouue leur femme belle,
Et que communément des cocus on appelle.

SCENE VII.

ORMIN, CHARIFE, ALABEZ.

ORMIN.

Voicy de la clarté!
CHARIFE.
Que voy-ie, & qu'ay-ie fait?
ALABEZ.
Que t'en semble, ay-ie lieu d'estre fort satisfait?
Comment, ie n'ay donc fait iamais rien, qui te plai-
se,
I'ay donc l'esprit fort sot, & la mine niaise?
Meurs de honte!
CHARIFE.
Et pourquoy, si c'est la verité?
ALABEZ
La verité traitresse (ah, l'esprit effronté!
Quoy, si ie t'espousois dangereuse femelo,
Ie serois de ces gens, que Cocus on appelle,
Ta langue impertinente aura cent fois menty,
I'eslirois vn licol plustost qu'vn tel party.
ORMIN.
D'où vient vostre querelle?
ALABEZ.
Ah, tay toy ie te prie,
Ie pourrois bien sur toy decharger ma furie!
Confident de mal-heur!
ORMIN *esteignant la chandelle.*
Il se faut éloigner,
Ie ne voy pres d'vn fou, que des coups à gagner.

Tragi-Comedie.

SCENE VIII.

ALMANSOR, GASVL, ALABEZ, ADIBAR.

ALMANSOR.

VA voir d'où vient ce bruit :
ALABEZ *donnant vn souflet à Gasul.*
Ie te tiens bon apostre !

GASVL.

Comment traistre !

ALABEZ.

Excusez ie vous prend pour vn autre;
Ie cherche vn affronteur qui m'a vient d'échaper;
Mais bien-tost sans courir ie sçauray l'attraper.

ALMANSOR.

As tu sçais le suiet de ces rumeurs confuses ?

GASV.

Non, l'on m'est venu batre, & puis me faire excuses.

ALMANSOR.

Le logis n'est pas loin, fais auancer les voix ;
Et leur dis de chanter prés de ce petit bois.

ADIBAR *paroissant de l'autre costé.*
Amis voicy l'endroit où Zaide demeure,
Si vous estes d'accord, commencez tout à l'heure.

PREMIERE CHANSON.

Deserts, retraitte du silence,
Vous à qui ie fais confidence,
De mon amour, & de mes soins,

H

La Genereuse Ingratitude

GASVL.
La voix qui chante icy, n'est pas de nostre bande.

ALMANSOR.
Ce couplet finissant, que l'on soit preparé,
Pour chanter aussi-tost l'air que i'ay desiré.

Deserts retraitte du silence,
Vous à qui ie fais confidence
De mon amour & de mes soins,
Rochers & forets solitaires,
Qui tousiours de mes maux fustes depositaires,
Iamais de mes plaisirs ne serez vous témoins?

SECONDE CHANSON.
Ruisseaux & vous legers Zephirs,
Qui dans la saison des plaisirs,
Arrosez doucement, & parfumez ces plaines,

ADIBAR.
Quelle insolente voix trouble nostre concert?
L'affront impunément ne sera pas souffert.

Ruisseaux, & vous legers Zephirs,
Qui dans la saison des plaisirs,
Arrosez doucement, & parfumez ces plaines?
Suspendez vostre cours, retenez vos haleines,
Et permettez à mes soupirs
D'éuenter mes peines.

ADIBAR.
Parle qui que tu sois qui m'ose icy troubler.

ALMANSOR.
Mon nom est trop fameux pour le vouloir celer?
On m'appelle Almansor.

ADIBAR.
Crain, crain donc ma colere?
Moy, ie suis Adibar, ton plus grand aduersaire,
Qui pour te ioindre a fait sans fruict, beaucoup de pas,
Et qui te trouue alors qu'il ne te cherche pas,

Tragi-Comedie.

Explique moy d'où vient que tu prends la licence
D'obseder ma Maistresse auec tant d'insolence;
Et me dis si tu vois Zaide seulement
Comme amy de son frere, & comme son Amant.

ALMANSOR.

Sois content de sçauoir que comme amy du frere
La sœur souffre mes soins, & que ie la reuere.
Si i'estois son Amant, tu te dois asseurer
Que ie suis trop discret pour te le declarer.

ADIBAR.

Tous ces raffinemens, dont tu fais ta deffence,
Ne te sçauroient soustraire à ma iuste vangeance:
Tu mourras.

ALMANSOR.

Crains plustost qu'en te perçant le flanc,
Ce fer n'esteigne icy ton amour dans ton sang.

CASUL *ils se battent.*

Au secours.

※ ※ ※ ※ ※ ※ ※ ※ ※ ※

SCENE IX.

ZEGRY, ADIBAR,
ALMANSOR.

ZEGRY.

Moderez cette fureur barbare?
Qu'est-ce amys?

ADIBAR.

Ce n'est rien puis que l'on nous separe:

ZEGRY.

Ah, c'est vous, Adibar!

ALMANSOR.

Cette Chanson n'est pas celle que ie demande:

La Genereuse Ingratitude

ALMANSOR.
Zegry, tu me fais tort.

ZEGRY.
Quel suiect, cher amy, peut t'animer si fort?
Vous ayant separez, souffrez ie vous supplie,
Qu'au mesme temps encor ie vous reconcilie.
Ie prends dans vos débats vn interest fort grand,
Esclaircissez moy donc de vostre different.

ADIBAR.
Zegry, vous nous rendez en vain ce bon office,
Mon desir de vengeance est tout plein de iustice,
Et vos soins opposés à mes ressentiments
Ne different sa mort que de quelques moments.

SCENE X.

ZEGRY, ALMANSOR.

ZEGRY.

D'Où vient, cher Almansor, vne si forte haine?
Conte m'en le suiet.

ALMANSOR.
Il n'en vaut pas la peine,
Ce differend leger qui te rend estonné,
Auant que d'estre sceu doit estre terminé.

ZEGRY.
Tu t'obstines en vain à cacher ce mystere,
Ie m'e doute, Almansor, de ce que tu veux taire,
Vne mesme Beauté vous met sans doute aux fers,
Ie viens d'ouyr icy deux differends concerts.
Ie deuine le reste.

ALMANSOR.

Tragi-Comedie.

ALMANSOR.

Amy ie le confesse!
Nous donnons Serenade à la mesme Maistresse.

ZEGRY.

Que ie sçache son nom.

ALMANSOR *à part.*

Ciel quel est mon mal-heur!
Dois-ie luy declarer que i'adore sa sœur?

ZEGRY.

Cette reserue, amy, n'est guere legitime,
Ie ne ǎy point celé mes amours pour Fatime.

ALMANSOR *à part.*

Il a promis sa sœur, que puis-ie dire, helas!
Si i'ose la nommer que ne dira-il pas?

ZEGRY *à part.*

Cette confusion me doit assez instruire
Qu'il adore Fatime, & n'ose me le dire.
Quoy ie ne sçauray point quel obiet t'a soûmis?

ALMANSOR.

Son beau nom prononcé nous rendroit ennemis,
Au lieu de t'obliger, ie te ferois outrage,
Adieu, dispense moy d'en dire dauantage.

ZEGRY.

Comment dans mon logis ne veux tu pas entrer?

ALMANSOR.

Chez Gomelle ce soir ie vais me retirer.

ZEGRY.

Chez Gomelle, dis-tu?

ALMANSOR.

Ie crains qu'il ne m'attende;
Adieu, ie l'ay promis, il faut que ie m'y rende.

I

ZEGRY seul.

Le traistre ayme Fatime, & pretend l'épouser.
En iuger autrement c'est vouloir s'abuser :
Oüy, me deuant la vie il s'en sert pour me nuire;
Mais qui l'a pû sauuer, peut aussi le destruire,
Et sa mort fera foy que de ce mesme bras,
Ie sers les innocens, & punis les ingrats.

Fin du troisiesme Acte.

ACTE IV.

SCENE PREMIERE.

ALMANSOR, GOMELLE.

ALMANSOR.

NON, vous n'irez pas seul audeuant de ma Mere ;
Ie vous suiuray Gomelle !
GOMELLE.
Il n'est pas necessaire ;
Son ordre vous oblige à l'attendre chez moy.
ALMANSOR.
La nature m'impose vne plus forte loy ;
GOMELLE.
Elle n'a pas encore apris vostre venuë,
Sa surprise sera trop grande à vostre veuë.
ALMANSOR.
Ie n'attends nul reproche en cét euenement ;
Et si ie la surprend, c'est agreablement.
GOMELLE.
Puisque vous le voulez, allons y donc ensemble.
ALMANSOR.
Ie fais ce que ie doy.
GOMELLE.
Ie dis ce qu'il me semble.

ALMANSOR.

Zegry sort de chez luy, souffrez qu'auant partir
Ie l'embrasse........

GOMELLE.

Arrestez ie n'y puis consentir.

ALMANSOR.

La contrainte est iniuste autant qu'elle est cruelle:
Dois-ie fuir vn amy, si cher & si fidelle?
Souffrez que ie luy parle, & ie vous suis apres.

GOMELLE.

Non, ie vous le deffends, & i'en ay l'ordre exprés.

SCENE II.

ZEGRY, ORMIN.

ZEGRY.

Ormin, as-tu pris garde auec quel soin ce traitre
S'est éloigné de moy, dés qu'il m'a veu paraistre?
As-tu veu que d'abord le lâche s'est troublé,
A fait deux ou trois pas, & puis a reculé;
Et m'a cedé la place auec inquietude,
Pressé par le remords de son ingratitude?

ORMIN.

Quoy que i'aye obserué, ie ne puis conceuoir
Qu'Almansor fasse vn crime, & si lâche & si noir;
Et bien qu'apparamment ie le treuue coupable,
D'aucune lâcheté ie le tiens incapable.
Il m'a tousiours paru de l'honneur trop ialoux
Pour se seruir si mal du iour qu'il tient de vous;

Tragi-Comedie.

Et quelque instinct secret que ie ne puis comprendre,
Quand ie doy l'accuser, me force à le deffendre.

ZEGRY.

En me voyant cherir cét ingrat trop aymé,
A le cherir aussi tu t'es accoustumé.
Ie ne puis comme toy croire qu'il me trahisse;
Mais ie n'en puis douter, & c'est là mon supplice,
Et ces doux mouuemens que i'ay peine à chasser,
Aggrauent son offence au lieu de l'effacer,
Iuge dans cét estat combien ie suis à plaindre,
Le seul bien qui me reste est de ne plus rien craindre,
Le sort n'a pas voulu m'affliger à demy.
Ie perds vne Maistresse, & ie n'ay plus d'amy,
L'vn & l'autre m'outrage, & i'ay tant de foiblesse
Que ie ne puis hayr l'Amy ny la Maistresse ;
Mais de Chariffe hyer, n'as-tu point sceu pourquoy
Fatime a maintenant tant de mépris pour moy?
Tu m'as dit qu'Adibar charme cette inhumaine:
Mais tu ne m'as point dit d'où procede sa haine.

ORMIN.

Fatime, si i'en croy ce que l'on m'a conté,
T'eust tousiours grand horreur pour l'infidelité,
Elle a quelque raison de vous croire infidelle ;
Et c'est ce qui l'oblige à vous estre cruelle.

ZEGRY.

Infidelle, dis-tu, ie ne le fus iamais.

ORMIN.

Vous pourriez vous tromper :

ZEGRY.

Non, ie te le promets.

ORMIN.

Elle a sceu toutesfois que Zelinde, vne fille
Assez belle, fort ieune & d'illustre famille,
Et qui receut iadis beaucoup de soins de vous,
Fut presque sur le point de vous voir son époux;
Et que dés qu'à l'hymen elle fut disposée,
Elle se vit enfin lâchement méprisée ;

Cét exemple la touche & l'oblige à iuger
Que qui change vne fois, peut mille fois changer.
ZEGRY.
Ormin, ce changement n'est point vne inconstance.
ORMIN.
Il seroit mal-aisé d'en prouuer l'innocence.
ZEGRY.
Cét himen pretendu sans doute fait éclat :
Mais pour te dire tout.
ORMIN *à part*.
Que dira-t-il l'Ingrat !
ZEGRY.
Auant qu'on eust encore conclud ce mariage
Qui deuoit nous vnir au sang d'Abencerage ;
Et d'vne vieille haine esteindre enfin l'ardeur,
Fatime estoit desia Maistresse de mon cœur ;
Et pour me faire prendre vne chaîne nouuelle,
Zelinde qu'on m'offroit, n'estoit pas assez belle ;
Ie la vis sans l'aymer & sa foible Beauté
N'esbranla point les fers où i'estois arresté,
Pour elle i'essaiay d'auoir quelque tendresse;
Mais ses yeux ou mon cœur eurét trop de foiblesse;
Et si ie luy rendis quelque soins apparens,
Ce ne fut qu'à dessein de plaire à mes parens ;
Ainsi Fatime a tort de me croire infidelle,
Puisque ie n'eus iamais de l'amour que pour elle.
ORMIN.
Helas, ie ne dois plus douter de son mépris !
I'en voulois trop sçauoir, & i'en ay trop apris.
ZEGRY.
C'est vne verité qui peut estre prouuée ;
Mais d'où vient que ma sœur si matin s'est leuée?

SCENE III.

ZAIDE, MEDINE, ZEGRY,
ORMIN.

ZAIDE.

Mon frere, auez vous sceu l'aduis qu'on m'a donné
Du trépas de l'époux qui m'estoit destiné?

ZEGRY.

Ie viens d'en receuoir la nouuelle asseurée :
Il est mort dans Alger d'vne fiévre pourprée.

ZAIDE.

C'est vn mal-heur pour moy ; mais pour vous en ce iour,
Vous ne deuez parler que d'Himen & d'amour.

ZEGRY.

Ah, ma sœur ! dis plustost que dans cette iournée,
Ie dois ne parler plus d'amour ny d'Himenée :
Dis qu'il faut pour punir vn esprit lâche & bas,
Parler d'vne autre perte & d'vn autre trépas.
La fureur toute seule en mon ame preside,
Et ie ne dois parler que de perdre vn perfide.

ZAIDE.

Quel est donc ce perfide, & ne sçauray-ie point
Quel crime signalé vous irrite à tel point ?

ZEGRY.

Tu connois trop l'autheur du courroux qui m'anime;
Almansor est son nom, son amour est son crime.

ZAIDE.
Son amour, ah qu'enten-ie!
ZEGRY.
Il est trop vray, ma sœur!
Son insolente amour a causé ma fureur.
ZAIDE à part.
Il sçait qu'Almansor m'ayme, & c'est ce qui le fache?
ZEGRY.
Oüy, son trépas est iuste, il perira le lâche.
ZAIDE.
Mon frere sans aigreur il faut examiner
Tout ce que d'vn amy l'on a peu soupçonner ;
Et l'on ne doit iamais iuger de son offence,
Qu'auec beaucoup de soin, & beaucoup d'indulgéce.
Almansor a touiours paru trop genereux,
Pour méler rien d'iniuste, ou d'impur dans ses feux;
Et vous doit trop aussi pour conceuoir l'enuie
D'offencer vn amy qui luy sauua la vie.
ZEGRY.
Tu m'obliges ma sœur, & tes raisonnemens
Desarment sans effort tous mes ressentimens !
Almansor m'est si cher que quoy qu'il puisse faire,
Tu me feras plaisir d'arrester ma colere.
ZAIDE.
Peut-estre iniustement l'auez vous accusé.
ZEGRY.
Pleust au ciel qu'il fust vray que ie fusse abusé!
Mais helas ! mon soupçon n'est que trop legitime.
Te le diray-ie enfin? Il ayme.
ZAIDE.
Qui ?
ZEGRY.
Fatime.
ZAIDE.
Il aymeroit Fatime ! ah que ce crime est noir ?
ZEGRY.
Pour mieux t'en asseurer, tu n'as qu'à l'aller voir ;
Et ie

Tragi. Comedie.

Et ie ne doute point que tu ne sçaches d'elle,
Que cét Ingrat l'adore, & qu'il m'est infidelle.

ZAIDE.
Le traistre, l'inconstant, l'esprit pernicieux!

ZEGRY.
Mais quel trouble, ma sœur, se fait voir dans vos
　yeux,

ZAIDE.
Le trouble de mes yeux clairement vous expose
Que mon cœur sent les maux, que vostre amy vous
　cause.
Vostre amy, qu'ay-je dit? ce nom luy convient mal:
Il n'est point vostre amy s'il est vostre Riual,
Allez, allez esteindre, & sa vie & sa flame,
Et lauer dans son sang les crimes de son ame.

ZEGRY.
Non, ma sœur, sans colere il faut examiner
Tout ce que d'vn amy l'on a pû soupçonner;
Et l'on ne doit iamais iuger de son offence,
Qu'auec beaucoup de soin, & beaucoup d'indulgen-
　ce.
Almansor a tousiours parû trop genereux,
Pour mesler rien d'iniuste, ou d'impur dans ses feux;
Et me doit trop aussi pour conceuoir l'enuie
D'offencer vn amy qui luy sauua la vie.

ZAIDE.
Quelle erreur!

ZEGRY.
　　　C'est de toy, ma sœur, que ie la tiens,
Ce sont tes sentimens, & ce seront les miens.

ZAIDE.
Ie n'auois pas du crime alors la connoissance.
Ie ne vous retiens plus, courez à la vengeance.

ZEGRY.
Arreste-moy plustost & du moins par pitié,
Condamne ma colere & non mon amitié,
En faueur d'Almansor i'ayme que l'on m'abuse,
Ie le veux accuser, mais ie veux qu'on l'excuse,

K

Ie parle de vengeance, & ne la cherche pas,
Et ie menace afin qu'on m'arreste les bras;
Sa passion à tort peut estre condamnée,
Auant nostre amitié possible qu'elle est née,
Que Fatime y répond, & que pour les vnir,
Les ordres de Gomelle icy l'ont faid venir.
S'il est ainsi, ma sœur, pour m'exempter de crime,
Il est iuste qu'aussi ie luy cede Fatime,
Ie briseray mes fers, & d'vn cœur affermy
Ie feray mes plaisirs de ceux de mon amy.

ZAIDE.

Dieux! quel est vostre erreur, quel charme que i'i-
    gnore.
En faueur d'vn ingrat vous attendrit encore?
Il vous doit son salut, doit-il pas auiourd'huy
Faire vn plus grand effort pour vous, que vous pour
    luy?
S'il est vostre Riual, pouuez vous sans foiblesse,
Luy vouloir lâchement ceder vostre Maistresse;
Et si c'est vostre amy, comme vous l'estimez
Doit-il pas vous ceder l'obiet que vous aymez?

ZEGRY.

Va voir sans repliquer Fatime en diligence,
Et t'instruy plainement de leur intelligence.
Adieu!

SCENE IV.

MEDINE, ZAIDE.

MEDINE.

VOus m'estonnez, & ie ne conçoy pas
Qu'on puisse aymer vn homme, & presser son

Tragi-Comedie.

ZAIDE.

Ah ! ne dis point que i'ayme, vn ingrat, vn volage ;
Croy que si i'ay des feux, ce sont des feux de rage ;
Et que iamais mon cœur ne sera consolé,
Que ce perfide Amant ne me soit immolé.

MEDINE.

Mais vous pleurez, Madame !

ZAIDE.

Oüy, Medine, ie pleure !
Si cét ingrat perit, il faudra que ie meure ;
Ie sens dans mon esprit triompher tour à tour,
La rage & la tendresse, & la haine & l'amour ;
Ie suis son ennemie, & ie suis son Amante,
Quand mon dépit s'accroist, ma passion augmente;
Et quoy qu'il soit aymable, & qu'il m'ait peu trahir,
Ie ne le puis aymer, & ne le puis hair.

MEDINE.

Madame, parlez bas, on pourroit vous entendre !
Adibar vient à nous.

ZAIDE.

Il ne faut pas l'attendre.

SCENE V.

ADIBAR, ZAIDE, MEDINE.

ADIBAR.

Ov portez vous, Zaide, & mon cœur & vos pas ?

ZAIDE.

Laissez-moy seule, adieu ne m'importunez pas.

ADIBAR.
Receuez mieux mes soins!
ZAIDE.
Ils sont peu necessaires;
ADIBAR.
De grace, écoutés-moy!
ZAIDE.
I'ay bien d'autres affaires.
ADIBAR.
D'vn regard seulement, consolez mes ennuis;
C'est vous que ie cherchois.
ZAIDE.
Et c'est vous que ie fuis.
ADIBAR.
Quoy vous traittez si mal vn Amant si fidelle?
ZAIDE.
Fatime qui paroist, vous sera moins cruelle.
ADIBAR.
Ne vous en mocqués pas, mon sort seroit plus doux,
Fatime est aussi belle & moins fiere que vous.

SCENE VI.

FATIME, ZAIDE, ADIBAR, CHARIFE, MEDINE.

FATIME.

Quoy tousiours Adibar auec cette Ingratte?
Ma vengeance est trop iuste, il est temps qu'elle éclatte:
Ie vous trouue, Zaide, en vn chagrin si noir,
Que ie perds le dessein qui m'oblige à vous voir.
Oseray-ie

Tragi-Comedie.

Oseray-ie parler de dances, & de Festes,
D'vne nopce en vn mot dans l'estat où vous estes?

ZAIDE.
D'vne nopce! acheuez & vous expliquez mieux.

FATIME.
De pareils entretiens vous seroyent ennuieux:

ZAIDE.
Non à nostre amitié c'est vouloir faire outrage,
Ne me déguisez rien touchant ce mariage.

FATIME.
Puisque vous l'ordonnez vous allez tout sçauoir,
Sçachez donc que mon pere a voulu me pouruoir.

ZAIDE.
Vous pouruoir?

FATIME.
Oüy, l'affaire est assez aduancée.

ZAIDE.
Ie suis dans vos plaisirs beaucoup interessée,
Ne m'apprendrez vous point le nom de vostre Amant?

FATIME.
C'est vn homme accomply, noble, braue, charmant,
Son merite est fort rare, & sans doute i'espere,
Que vous appreuuerez le choix qu'en fait mon Pere.

ZAIDE à part.
Qu'elle me fait languir pour me treuuer la mort,
Mais enfin quel est-il?

FATIME.
Vous le connoissez fort,
Il fit long-temps chez vous sa demeure ordinaire,
C'est l'amy le plus cher de Zegry vostre frere.
En ay-ie dit assez?

ZAIDE.
Dites son nom encor.

FATIME.
Ne deuinez vous pas qu'on l'appelle Almansor?

ZAIDE.
Ie n'en puis plus, ie meurs.

L

FATIME.
Voy comme elle est changée,
Elle ressent ma peine, & ie me suis vangée.
ADIBAR.
I'ay beaucoup d'interest dans cét euenement.
ZAIDE.
Ce party proposé vous plaist asseurement.
FATIME.
Oüy, ie n'imite point celles qui par maxime
Rougissent d'vn hymen ainsi que d'vn grand crime,
Feignent d'en souspirer, & pourtant en secret,
S'il ne s'acheuoit pas auroient bien du regret,
Sur ce point auec vous ie ne fais point la fine,
Ie ne hay point du tout l'Amant qu'on me destine,
I'estime son amour, son merite & ses soins;
Et s'il m'ayme beaucoup ie ne l'ayme pas moins.
ZAIDE.
Il vous ayme donc fort?
FATIME.
Plus que ie ne puis dire,
Il ne vit que pour moy, pour moy seul il soûpire,
Ie fais ses déplaisirs & ces rauissemens,
Dés qu'il me perd de veuë, il est dans les tourmens;
Et lors que le hazard permet qu'il me reuoye,
I'ay lieu d'apprehender qu'il ne meure de ioye :
Enfin si ses sermens ont quelque verité,
Il n'a que du mépris pour toute autre beauté.
ZAIDE.
Ciel, où suis-ie, & qu'enten-ie! ah l'ingrat, ha le traître!
Mais pouuez vous l'aymer si tost sans le connoistre?
FATIME.
De cette prompte amour l'on ne me peut blâmer,
I'ay veu d'abord en luy tout ce qui fait aymer,
I'execute de plus ce que mon pere ordonne,
I'obeys volontiers aux ordres qu'il me donne;
Et puis qu'il l'a choisi pour gendre & pour appuy,
Ie croy qu'il en est digne & m'en rapporte à luy.

ZAIDE.
Mais touchant Adibar, quelles sont vos pensées?
ADIBAR.
Ie n'ose plus pretendre à ses bontés passées.
FATIME.
Il ne meritoit pas l'honneur de mon amour,
Il changea le premier, & ie change à mon tour.
ZAIDE.
Il ne fut pas tousiours indigne de vous plaire,
Pouuez vous l'oublier?
FATIME.
Ie n'y sçaurois que faire,
I'oublie auec raison le plus grand des Ingrats,
Son mépris fut iniuste, & le mien ne l'est pas;
Mais cessons de parler de cét Amant volage,
Rendons haine pour haine, outrage pour outrage;
Parlons de nostre nopce, & me faites sçauoir
Si ie puis esperer l'honneur de vous y voir.
ZAIDE.
Vne grande douleur dont ie suis accablée,
Qui durant vos discours, s'est encore redoublée;
Me va mettre hors d'estat d'y pouuoir assister,
Et dés ce mesme instant m'oblige à vous quitter.
ADIBAR.
Ie vous conduis: souffrez le soin que i'en dois pren-
dre.
ZAIDE.
Ma foiblesse me force à ne m'en pas deffendre,

SCENE VII.

FATIME, CHARIFE.

FATIME.

Zaide sent mon mal, mais Adibar me fuit,
Ma vengeance est parfaite & mon espoir destruit

CHARIFE.
Almansor le vaut bien.
FATIME.
Iuge mieux de ma plainte,
Ce que ie viens de dire est vne pure feinte :
Medine est ton amie, & ne t'a pu cacher
Qu'à l'Ingrate Zaide Almansor est bien cher ;
Tu me l'as dit !
CHARIFE.
Eh bien !
FATIME.
C'est pour me vanger d'elle,
D'auoir tousiours souffert mon Amant infidelle ;
Et la punir des maux qu'elle m'a sceu causer,
Que i'ay feint qu'Almansor me deuoit épouser.
CHARIFE.
Ah, que vous en sçauez ! cette fourbe est insigne :
Mais Adibar reuient, ce n'est pas mauuais signe,

SCENE VIII.

ADIBAR, FATIME, CHARIFE.

FATIME.

Quoy vous quittez si-tost l'obiet de vos desirs?
ADIBAR.
I'ay soin de son repos plus que de mes plaisirs.
FATIME.
Vous paroissez atteint d'vne tristesse extréme.
ADIBAR.
Ie ne puis sans douleurs voir souffrir ce que i'ayme.
FATIME.
Zaide pourroit bien vous auoir rebuté?
ADIBAR.
Mon seul respect me chasse, & non sa cruauté :
FATIME.
Elle doit mépriser vn Amant infidelle :
ADIBAR.
I'aurois tort auiourd'huy si ie me plaignois d'elle.
FATIME.
D'Almansor prés de moy le destin est plus doux;
ADIBAR.
Ie suis trop satisfait pour en estre ialoux.
FATIME.
Vous pourriez vous flatter d'vne esperance vaine,
Zaide n'a pour vous que dédain & que haine.
ADIBAR.
Sa haine & son dédain maintenant sont finis ;
Et nos cœurs par l'himen bien-tost seront vnis.

FATIME.
Vostre ame en cét espoir pourroit s'estre méprise,
Possible ignorez vous que Zaide est promise.
ADIBAR.
Vous mesme sur ce point pourriez vous trôper fort
Possible ignorez vous que son Amant est mort.
FATIME.
Il est mort !
ADIBAR.
Oüy, Madame, & Zaide propice,
A mon ardente amour veut rendre enfin iustice,
Et vient de m'asseurer chez elle en la laissant,
Qu'elle m'épousera, si son frere y consent.
Adieu pour obtenir cette Beauté si chere,
Ie vay soliciter mes parens & son frere.

SCENE IX.

FATIME, CARIFE,

FATIME.

Qv'ay-ie fait? quoy ma feinte a seruy seulement
A disposer Zaide à m'oster mon Amant ?

CHARIFE.

Madame......

FATIME.

Laisse moy; dans vn sort si contraire,
Tout me nuit, tout me pert, & tout me desespere.

Tragi-Comedie.

CHARIFE.
Quoy, voous n'écoutez point?
FATIME.
Non ie n'écoute plus
Que la fureur qui regne en mes esprits confus :
La douleur me saisit, le dépit me transporte.
CHARIFE.
Consolez vous, Madame!
FATIME.
Ah, que ne suis-ie morte!
Ne me console point dans vn si iuste deuil ;
Et me vien mettre au lict ou pluftost au cercueil.

Fin du quatriesme Acte.

ACTE V.

SCENE PREMIERE.

GOMELLE, LINDARACHE.
ALMANSOR.

GOMELLE.

Vovs voyez la Cabane où ie fais ma demeure.
LINDARACHE.
Ami laissez nous seuls, ie vous suis tout à l'heure.
ALMANSOR.
Ah, Madame! ah ma Mere, en ces heureux moments
Obtiendray-ie l'honneur de vos embrassemens ?
LINDARACHE.
Arreste Abencerage aprens nostre disgrace,
Et me fay voir mon fils auant que ie l'embrasse;
Ie contois deux enfans alors qu'vn rauisseur
Enleua lâchement & ma fille & ta sœur.
ALMANSOR.
Dieux ! que me dites vous ?
LINDARACHE.
Que ta sœur est rauie.
ALMANSOR.
Nommez le rauisseur, il en perdra la vie.
LINDARACHE,

LINDARACHE.
Approche, embrasse moy, ie commence à iuger
Qu'en toy le Ciel me laisse vn fils pour me vanger.
ALMANSOR.
Que ie sçache son nom, ie iure le Prophete,
Que son sang lauera l'iniure qu'il a faite,
Que mon bras à l'instant ira vous l'imoler.
LINDARACHE.
Tu sçauras tout, écoute, & me laisse parler.
Tu sçais l'inimitié qui depuis plusieurs âges,
Regne entre les Zegris & les Abencerages;
Et tu dois estre instruit que sur l'opinion
Qu'vn himen mettroit fin à leur auersion,
Pour assortir les nœuds de ce doux himenée;
Ma fille fut pour femme à Zegry destinée,
Desia tout estoit prest & le iour estoit pris,
Quand par auersion ou plustost par mépris,
L'infidelle Zegry fuyant nostre alliance,
S'embarqua pour Alger auec diligence;
Et pour surcroist d'ennuis, dés que ce bruit courut,
Ma fille dans ces lieux pour iamais disparut.
ALMANSOR.
O Ciel de ce mal-heur qui peut estre la cause!
LINDARACHE.
Lis ce billet receu, tu sçauras toute chose.
ALMANSOR lit.
    Vous sans qui ie ne viurois pas!
Apprenez vn mal-heur pire que mon trépas,
Qui nous doit obliger à des plaintes communes:
   Le plus cruel des scelerats,
L'infidelle Zegry cause mes infortunes.
   Et m'arrache d'entre vos bras,
Zelinde.

  Qu'ay-ie apris?
LINDARACHE.
     Des veritez cruelle?
ALMANSOR.
Zegry son rauisseur! ha funestes nouuelles!
M

LINDARACHE.

J'eus dans cette Infortune aſſez de iugement,
Pour cacher noſtre honte, & ſon enleuement,
Par l'aduis & le ſoin de l'illuſtre Gomelle,
De ſon trépas par tout ie ſemay la nouuelle ;
Et ie t'enuoyay l'ordre au meſme temps auſſi,
De ſortir de Tremiſſe, & de te rendre icy ;
Enfin dedans Tunis attendant ta venuë,
I'ay paſſé dans les pleurs vne vie inconnuë ;
Et ſentant approcher le temps de ton retour,
Ie me ſuis fait conduire en ce fatal ſeiour,
Ie te treuue, & deſia ma douleur eſt charmée,
De voir ma iuſte rage en ton ame imprimée ;
Et ton bras diſpoſé pour perdre vn ſuborneur,
Et pour priuer du iour qui nous priue d'honneur.

ALMANSOR.

Ah de cõbien d'ennuis mon cœur ſe ſent atteindre.

LINDARACHE.

Il eſt temps de punir, & non pas de ſe plaindre,
Dans vn ſort ſi funeſte exprime ta douleur,
Par des effets ſanglans de rage & de valeur,
Pour moy ſont les regrets, & pour toy la vangeance,
Tu connois l'offenceur, va reparer l'offence.
Ie ne t'aurois iamais reſerué cét employ,
Si mon ſexe impuiſſant m'euſt peu vanger ſans toy ;
Et i'aurois de Zegry deſia veu le ſupplice,
Si i'auois de Gomelle accepté le ſeruice.
Ton bras ſeul doit lauer la tache de ton front
Prens toute la vengeance ainſi que tout l'affront :
Va cauſer le trépas de qui cauſe ta honte,
Va perdre qui nous pert, punis qui nous affronte,
Ne me voy plus qu'apres auoir vangé ta ſœur,
Cherche, trouue & punis ſon lâche rauiſſeur :
Adieu fay ton deuoir, & te fay reconnoiſtre
Digne fils des Heros dont le Ciel t'a fait naiſtre,
Pour auancer la fin de nos communs mal-heurs,
Va répandre du ſang, ie vay verſer des pleurs.

SCENE II.

ALMANSOR *seul.*

Dvres extremités! cruelle violence!
Quoy l'amy qui m'oblige, est l'ingrat qui m'offence,
Ie dois donc mon salut à qui m'oste l'honneur;
Et qui sauua le frere a donc perdu la sœur!
Helas de quel conseil est capable mon ame!
Dois-ie me rendre ingrat ou demeurer infame,
D'vne sainte amitié rompray-ie le lien,
Verseray-ie du sang qui conserua le mien?
Du sang pour qui l'amour veut que ie m'interesse;
Et pour tout dire enfin du sang de ma Maistresse?
Elle sort, & sans doute en ces lieux elle vient,
L'honneur veut que ie fuye & l'Amour me retient.

SCENE III.
ALMANSOR, ZAIDE,
MEDINE.

ZAIDE.

Il n'ose s'aduancer, son crime l'intimide,
Passons sans dire mot aupres de ce perfide.
ALMANSOR.
Cher Obiet de mes feux, charme de mes esprits !
ZAIDE.
Vous me connoissez mal, vous vous estes mépris.
ALMANSOR.
Souffrez qu'à vos beaux yeux ma passion s'exprime,
L'amour......
ZAIDE.
Vous me prenez sans doute pour Fatime.
ALMANSOR.
Pour Fatime, ce mot m'instruit confusément,
De l'iniuste soupçon d'où naist ce changement ;
Possible auez vous creu que ie cherche à luy plaire,
Voyant l'atachement que i'ay prés de son pere ;
Mais ie iure le Ciel & l'Amour mon vainqueur,
Que vostre belle image occupe tout mon cœur,
Que de vous en chasser, Fatime est incapable,
Que ie voy sans amour tout ce qu'elle a d'aymable ;
Et que sensible aux traits de vos seules beautez,
Ie me borne pour elle à des ciuilitez.
ZAIDE.
Quoy, vous voyez Fatime auec indifference ?
Voyons iusqu'à quel point ira son impudence.

ALMAN.

Tragi Comedie.

ALMANSOR.

En pourriez vous douter ? vous par qui tous mes sens
Ont receu des liens si doux & si preſſans,
Pourriez vous ſoupçonner auec quelque iuſtice,
Mon cœur de lâcheté, mes ſerments d'artifices ;
Et croire qu'en mon ame ſoit aſſez de noirceur
Pour trahir ma Maiſtreſſe & mon liberateur ?
Auriez vous pû penſer, ſans vous eſtre deceuë,
Qu'on puiſſe aymer ailleurs apres vous auoir veuë ?
Non pour d'vn feu nouueau me treuuer enflamé,
Vous eſtes trop charmante, & le ſuis trop charmé.

ZAIDE.

Trop charmé lâche, ingrat, monſtre de perfidie !
Tu veux donc m'abuſer apres m'auoir trahie ;
Et d'vne indigne amour lâchement emporté,
Tu ioins donc l'impudence à l'infidelité.

ALMANSOR.

A l'infidelité ! que dittes vous Zaide ?
Ce diſcours me confond.

ZAIDE.

Ie le voy bien, perfide !
Tu ſerois moins confus eſtant moins ſcelerat,
Les reproches touſiours font rougir vn ingrat.

ALMANSOR.

Vn ingrat ?

ZAIDE.

Quoy méchant ! ce mot te ſemble rude ?
Tu crains le nom d'ingrat, & non l'ingratitude.

ALMANSOR.

I'ignore le ſuiet de ce couroux naiſſant ;
I'ay beau m'examiner ie me trouue innocent.

ZAIDE.

C'eſt donc eſtre innocent de tromper vne fille,
Dont tu ne peus ſans crime offencer la famille,
De trahir ton amy, de me manquer de foy,
D'aymer Fatime, enfin ?

ALMANSOR.

Moy, dites vous ?

ZAIDE.
Oüy, toy !
ALMANSOR.
Ah, ie ne l'aime point !
ZAIDE.
L'oses tu dire encore ?
Non tu l'aymes point perfide ! tu l'adores,
Tes mensonges icy ne peuuent m'abuser,
Ie sçay que dés demain tu la dois épouser.
ALMANSOR.
Moy l'épouser ! ô Ciel, n'en croyez rien, ie iure..
ZAIDE.
Non, non, ie ne croy point les sermens d'vn pariure,
Desia de cét hymen chacun est aduerty.
ALMANSOR.
Qui vous l'a dit ?
ZAIDE.
Quelqu'vn.
ALMANSOR.
Ce quelqu'vn a menty.
Apprenez moy son nom, & ma iuste colere
Ira de ses aduis luy porter le salaire.
ZAIDE.
Va donc punir Fatime, elle mesme l'a dit.
ALMANSOR.
A des discours si faux donnez moins de credit :
Fatime vous abuse, adorable merueille !
ZAIDE.
Ah Dieu ! vit-on iamais impudence pareille ?
ALMANSOR.
L'hymen qu'elle suppose, est vne fausseté,
I'en atteste du Ciel le Maistre redouté,
Qu'il m'abisme à l'instant au centre de la terre,
Qu'il lance sur ma teste vn éclat de tonnerre :
Et qu'il rende mon nom à iamais, odieux,
Si le feu que ie sens, ne vient de vos beaux yeux ;
Et si iamais mon cœur a conceu pour Fatime
Quelque chose de plus qu'vne assez foible estime.

Tragi-Comedie.

ZAIDE.
Il faut pousser à bout cét esprit effronté:
Hé bien de tes sermens prouue la verité.

ALMANSOR.
Cent preuues vous rendront bien-tost desabusée.

ZAIDE.
Ie n'en veux qu'vne seule, & de plus fort aisée.
Pour finir les soupçons que i'ay conceu de toy,
Donne moy tout à l'heure, & ta main, & ta foy.

ALMANSOR.
Ie la donne auec ioye: ô Ciel que vay-ie faire?
Quoy, luy tendre vne main qui doit perdre son fre-
re,
Qui doit causer ses pleurs, & qui pour me vanger
Dans son sang le plus noble est preste à se plonger?

ZAIDE.
Quoy tu répond si mal à des bontez si rares?
Tu murmure tout bas, tu pâlis, tu t'égares?

ALMANSOR.
I'attendois peu l'honneur dont ie me voy comblé,
Et l'excez de ma ioye en effet m'a troublé.
I'ay crains de vous trahir par mon obeïssance,
De faire contre vous parler la médisance;
Et de traitter Zegry trop inciuilement,
De vous donner la main sans son consentement;
Mais cette foible crainte enfin cede à ma flame,
Le deuoir maintenant perd ses droits sur mon ame;
Et ne me peut oster le glorieux dessein
De vous donner ensemble, & mon cœur, & ma
   main.

ZAIDE.
Tu t'aduises trop tard, i'en ay perdu l'enuie;
Et ne la pretend pas reprendre de ma vie,
I'ay feint pour t'éprouuer cét excez de bonté;
Et tes feux pour Fatime ont d'abord éclaté.

ALMANSOR.
Ah, ie n'en eus iamais!

N ij

ZAIDE.

Ta fourbe est auerée :
De cét himen fatal ie suis fort asseurée,
Lors que ie t'ay pressé de me donner ta foy,
Tes remords pour Fatime ont parlé contre toy ;
Et ta confusion m'a trop persuadée
Qu'elle a receu la foy que ie t'ay demandée.

ALMANSOR.

Ie vous l'offre.

ZAIDE.

Non, non, tu n'en peux disposer :
Tu l'as desia donnée, & tu veux m'abuser.

ALMANSOR.

C'est vous tromper vous mesme auec trop d'adresse.

ZAIDE.

De repliquer encore as-tu la hardiesse ?
Fatime a tes desirs puisque i'ay tes refus :
Tu l'épouses demain, oüy, ie n'en doute plus.

ALMANSOR.

Ecoutez......

ZAIDE.

Non méchant i'aurois trop de foiblesse,
Pour ne te voir iamais aprens que ie te laisse,
L'entretien d'vn ingrat cache vn secret poison ;
Et chaque mot d'vn traistre est vne trahison.

SCENE IV.

ALMANSOR.

CE succez est bizarre & mon ame estonnée,
A cent nouueaux ennuits se trouue abandonnée ;
Quoy, faut-il que ie souffre & d'vn esprit soûmis,
La peine d'vn forfait que ie n'ay point commis ?

Quand de perdre vn ami la vengeance me presse:
Faut-il qu'au mesme temps ie perde vne Maistresse?
Faut-il perdre Zaide? oüy mon cœur il le faut:
Ce n'est que d'vn moment que ie la perds trop tost;
Puisque dans vn moment en la priuant d'vn frere,
Mon bras doit attirer sa haine & sa colere,
Oüy, mon cœur desormais ne sois plus attendry;
Il est temps que ie songe au trepas de Zegry;
Et qu'il donne son sang pour l'honneur qu'il me vo-
 le,
Cét ennemy que i'ayme & qu'il faut que i'immole;
Il vient: à son abord de tendres mouuemens,
Mélent quelque foiblesse à mes ressentimens,
Mon amitié s'oppose au couroux qui m'emporte,
Ma tendresse est moins foible, & ma fureur moins
 forte
Il m'a sauué la vie, il a raui ma sœur,
Iray-ie l'embrasser, ou luy percer le cœur?

SCENE V.

ZEGRY, ORMIN, ALMANSOR.

ZEGRY.

IE le rencontre enfin, cét Ingrat qui m'outrage!
Ormin, laissez nous seuls!
          ORMIN.
               Passons dans ce boccage,
I'ay lieu d'aprehéder qu'ils n'en viennét aux mains
D'icy sans nous montrer obseruons leurs desseins.

La Genereuse Ingratitude

ALMANSOR.
Vous paroissés troublé?

ZEGRY.
J'ay bien suiet de l'estre.

ALMANSOR.
Qui vous émeut si fort?

ZEGRY.
Vn infidelle, vn traistre,
Dont le crime me cause vn regret infiny,
Et qui d'vn seul trepas sera trop peu puny.

ALMANSOR.
Vous pourrois-je seruir pour punir cette offence?

ZEGRY.
Oüy, sans toy ie ne puis acheuer ma vengeance.

ALMANSOR.
Zegry de tout mon sang vous pouuez disposer;

ZEGRY.
C'est vn offre qu'icy ie ne puis refuser.

ALMANSOR.
Quel est donc cét Ingrat?

ZEGRY.
Ton audace est extréme?
Ne sçais tu pas assez traistre! que c'est toy-mesme?

ALMANSOR.
Moy?

ZEGRY.
Tu fais l'estonné, deffend toy seulement.

ALMANSOR *en l'embrassant.*
Que ne te dois-ie point pour cét emportement?
C'est de ton amitié le dernier auantage,
Ta colere m'oblige encor qu'elle m'outrage,
Dans mon cœur iustement à ta perte animé,
Le dessein de ta mort s'estoit desia formé.
Mon bras s'y preparoit quand mal-gré la furie,
Mon ame à ton abord soudain fut attendrie;
Et se verroit encor reduite à balancer,
Les traits que ma fureur contre toy doit lancer,
Si ton emportement n'eust mal-gré ma foiblesse,
Rappellé ma colere & chassé ma tendresse.

Tragi-Comedie.

ZEGRY.
Ie ne t'écoute plus, garde toy de mes coups :
ALMANSOR.
Vn combat si cruel ne peut m'estre que doux,
Plus iustement que toy l'honneur m'y solicite;
Mais que ie sçache au moins le suiet qui t'irrite,
Ie te veux faire voir que tu te plains à tort ;
Et me iustifier en te donnant la mort.
ZEGRY.
Quoy tu fais l'ignorant, & te sers de menace ?
Ton lâche crime encor s'accroit par ton audace,
ALMANSOR.
Enfin quel est ce crime, & si lâche & si noir ?
ZEGRY.
Consulte tes remords, tu le pourras sçauoir !
Perfide, ils t'apprendront que d'vn ame traistresse,
Pour le pris de mes soins tu m'ostes ma Maistresse,
Et par des lâchetez qu'on ne peut excuser,
Que demain au plustard tu la dois épouser.
ALMANSOR.
Si ie suis criminel, ce n'est pas là mon crime,
Ie n'ay iamais conceu de desirs pour Fatime ;
Et tu peux seulement reprocher à mon cœur,
D'auoir sans ton aueu soupiré pour ta sœur.
ZEGRY.
Quoy tu l'aymes ?
ALMANSOR.
Non, non, l'erreur seroit extréme
Ie dis que ie l'adore, & non pas que ie l'ayme.
Ce que pour ses beautez ie ressens en ce iour,
Surpasse de beaucoup ce qu'on appelle Amour.
ZEGRY.
Amy par cét aueu tu m'as rendu la vie,
D'vn excez de plaisir ma tristesse est suiuie,
Zaide est trop heureuse & ses vœux les plus doux
Ne pouuoient esperer vn plus illustre espoux,
L'Amant à qui i'auois ma parole donnée,
A veu par le trepas finir sa destinée ;

Et mon repos sera plainement affermy,
De rencontrer vn frere en mon plus cher amy.
ALMANSOR.
L'offre que tu me fais me doit estre bien chere;
Mais connoy tu celuy que tu choisis pour frere?
Sçais-tu bien qui ie suis?
ZEGRY.
Qu'ay-ie à sçauoir encor,
Ton pays est Tremisse, & ton nom Almansor,
Ta famille est illustre, & si ie te doy croire,
Le nom de mon amy fait ta plus grande gloire.
ALMANSOR.
Tu ne me connois point encore qu'à demy,
Ie fus né dans ces lieux, & né ton ennemy.
Plus d'vn iuste motif à ta perte m'engage;
Et pour te dire tout, ie suis à Abencerage.
ZEGRY.
Abencerage?
ORMIN à part.
O Ciel!
ALMANSOR.
Ce mot te fait sçauoir
Quels sont nos differents, & quel est mon deuoir.
ZEGRY.
Ie connois comme toy la haine mutuelle
Qui dans nos deux maisõs seble presque immortelle.
Mais ton sang qu'auiourd'huy tu dois à mon secours,
Doit pour moy dans ton ame en arrester le cours;
Et quoy que sur ce point mon amitié s'estonne,
Ie veux hair ton nom, & cherir ta personne.
Oüy, garde pour ma sœur tes desseins amoureux,
Vn himé peut nous ioindre auec de nouueaux nœuds,
Et par des feux secrets estouffer ce qui reste
De cette inimitié si vieille & si funeste.
ALMANSOR.
Cét himen seroit doux; mais ie n'y puis songer,
Qu'apres que par ta mort i'auray sceu me vanger.
ZEGRY.

Tragi-Comique.

ZEGRY.
Comment?

ALMANSOR.
Ce que tu crois n'est pas ce qui m'estonne,
Ie ne hay point ton nom, mais ie hay ta personne;
Et ce n'est qu'en ton sang par vn tragique effet,
Que ie puis reparer le tort que tu m'as fait.

ZEGRY.
Moy?

ALMANSOR.
Tu fais l'estonné de fort mauuaise grace,
Ton lâche crime encor s'accroist par ton audace.

ZEGRY.
Enfin quel est ce crime, & si lâche & si noir?

ALMANSOR.
Consulte ce billet, tu le pourras sçauoir.

ZEGRY lit.
Vous sans qui ie ne viurois pas,
Apprenez vn mal-heur pire que mon trepas,
Qui nous doit obliger à des plaintes communes,
Le plus cruels des scelerats,
L'Infidelle Zegry cause mes infortunes,
Et m'arrache d'entre vos bras.
Zelinde.

ORMIN.
Ils vont tous deux sans doute se méprendre.

ZEGRY.
C'est enigme est obscur, ie n'y puis rien comprendre.

ALMANSOR.
Ie n'y comprend que trop que Zelinde ma sœur
Nous fait connoistre en toy son lâche rauisseur.

ZEGRY.
Peux-tu me soupçonner d'vne action si noire?

ALMANSOR.
Peux-tu la denier, traître! & te puis-ie croire?

ZEGRY.
Escoute quatre mots.

ALMANSOR.
Ils seroient superflus:
Garde toy de mes coups, ie ne t'écoute plus.

O

La Genereuse Ingratitude

ZEGRY.

Quoy qui me doit la vie, ose attaquer la mienne?

ALMANSOR.

Cette obligation n'a rien qui me retienne,
Tu causas mon salut, & le rapt de ma sœur :
Et d'autant que le iour est moins cher que l'honneur,
L'affront sur le bien-fait l'emporte dans mon ame,
Et ie crains d'estre ingrat bien moins que d'estre infame.
Mais passons aux effets, & quittons les discours.

ZEGRY.

Demeure ingrat, demeure!

ORMIN.

ô secours! ô secours!

SCENE VI. & DERNIERE.

ADIBAR, ZAIDE, MEDINE, ALABEZ, LINDARACHE, GOMELLE, FATIME, CHARIFFE, ALMANSOR, ZEGRY, ORMIN, GASVL.

ZAIDE.

Quel bruit ay-ie entendu?

LINDARACHE.

Quelle rumeur s'éleue?

ADIBAR.

Arrestez, arrestez?

ZEGRY.

Ie te l'offrois n'a guerre, & ie te l'offre encore.

ZAIDE.

Mes soupçons sont esteins, & vous deuez sçauoir
Que ie suy mes desirs en suiuant mon deuoir,
Adibar s'en plaindra.

ADIBAR.

           Vous vous trompez, Madame?
Quand ie pers tout espoir, ie pers toute ma flame,
Et pour vous témoigner que i'en suis consolé,
Ie vai brûler des feux dont iadis i'ay brûlé,
Oseray-ie Gomelle! esperer vostre fille?

GOMELLE.

Vostre choix, Adibar, honore ma famille,
Fatime! de ma main receuez vostre espoux.

FATIME.

I'obeïray sans peine à des ordres si doux.

ZEGRY.

Allons dans la Mosquée ensemble rendre graces,
A la bonté du Ciel qui finit nos disgraces,
Et qui nous a fait voir par ce succez heureux,
Qu'on peut estre à la fois Ingrat & Genereux.

Fin du cinquiesme & dernier Acte.

Tragi-Comedie.

LINDARAHE.

Non, non, mon fils, acheue ?

GOMELLE.

Leur querelle Adibar ne se peut accorder,
Sans faire aucun effort laissons la decider.

ADIBAR.

Non vn tiers tel que moy ne les peut laisser battre;

GOMELLE.

Et bien deffendez vous, nous nous battrons tous
  quatre.

ORMIN à Almansor.

Ha mon frere, sur moy leuez plustost les bras!
Ie suis seule coupable, & Zegry ne l'est pas.

LINDARACHE.

Que voy-ie ?

ORMIN.

Vous voyez Zelinde vostre fille,
Qui pour suiure Zegry quitta vostre famille,
Et qui changeant de sort & d'habit seulement,
N'a peu forcer son ame au moindre changement,
Mon cœur qui prés de luy s'est pleu dans l'esclauage
Vn peu trop constamment a suiuy ce volage;
Mais l'ayant reconnu d'vn autre Obiet épris,
I'ay craint me découurant d'attirer son mépris,

Et souffrirois encor la mesme violence,
Si son propre interest ne rompoit mon silence.

LINDARACHE.

Ah, ma fille!

ALMANSOR.

Ah ma sœur!

ZEGRY.

Zelinde vangés vous!
Ie vous plains, ie m'accuse, & ie m'offre à vos
coups.

ORMIN.

De mes ressentimens vous n'auez rien à craindre;
Et si vous me plaignez ie ne suis pas à plaindre.

ZEGRY.

Apres tant de boutez qui doiuent m'estonner,
Ie rougis de n'auoir qu'vne ame à vous donner;
Et si de vos parens l'adueu nous est propice,
Rien ne peut empescher que l'himen nous vnisse

LINDARACHE.

Cét hymen comblera les plus doux de mes vœux!

ALMANSOR.

Amy dans ton bon-heur tu peux me rendre heureux ;
Ta sœur depend de toy, tu sçais que ie l'adore.

ZEGRY.